创新创业：职教新视角

主　编　沈　文
副主编　周　祥　钱少伟　沈　丽
参　编　吴胜尧　陈志刚　李　辰
　　　　吴　晟　张文瑾　胡玉鑫
　　　　黄　玮

苏州大学出版社
Soochow University Press

图书在版编目（CIP）数据
创新创业：职教新视角 / 沈文主编. -- 苏州：苏州大学出版社，2025. 6. -- ISBN 978-7-5672-5287-5
Ⅰ. G717. 38
中国国家版本馆 CIP 数据核字第 2025VH6665 号

CHUANGXIN CHUANGYE：ZHIJIAO XIN SHIJIAO

责任编辑：刘一霖　　**装帧设计**：刘　俊
助理编辑：陶　玉

出版发行：苏州大学出版社　　**网　　址**：http://www. sudapress. com
社　　址：苏州市十梓街 1 号　　**邮　　箱**：sdcbs@ suda. edu. cn
邮　　编：215006　　**开　　本**：787 mm×1 092 mm　1/16
印　　刷：镇江文苑制版印刷有限责任公司　　**印　　张**：9. 75
版　　次：2025 年 6 月第 1 版　　**字　　数**：225 千
印　　次：2025 年 6 月第 1 次印刷　　**定　　价**：32. 00 元

图书若有印装错误，本社负责调换
苏州大学出版社营销部电话　0512-67481020
苏州大学出版社天猫旗舰店　https：//szdxcbs. tmall. com

前言
Preface

苏州，这座古老而又现代的城市，以其独特的地理位置、深厚的文化底蕴和蓬勃的经济活力，为职业教育提供了得天独厚的土壤。在这里，职业院校紧跟时代步伐，积极响应国家创新驱动发展战略，将创新创业教育融入人才培养的全过程，学生们不仅学习到了扎实的专业知识和技能，还在创新创业的实践中锤炼了意志、增长了才干。从一个个微小的创意到一个个成功的项目，从校企合作的典范到学生创业的典范，苏州职业教育的创新创业之路越走越宽广。

一、苏州职业教育的历史沿革与现状

苏州自古以来就是人文荟萃之地，经济发达，文化繁荣。改革开放以来，苏州迅速发展成为全国乃至全球知名的经济重镇。在经济发展的同时，苏州职业教育也经历了从无到有、从小到大的发展历程，成为地方教育体系中不可或缺的重要组成部分。

20世纪80年代，苏州职业教育开始起步，最初以职业高中、技工学校等形式出现，主要向农村和城市青年提供职业技能培训。随着经济的快速发展和产业结构的不断调整，苏州职业教育逐渐形成了以高等职业教育为主体，中等职业教育为基础，学历教育与职业培训并重的发展格局。目前，苏州拥有多所国家示范性高职院校、省级高水平高职院校和大量优质中等职业学校，涵盖机电、电子、信息、旅游、商贸、艺术等多个领域，为地方经济和社会发展提供了强有力的人才保障。

在政策支持方面，苏州市政府高度重视职业教育的发展，出台了一系列政策措施，加大投入力度，优化资源配置，推动职业教育与产业深度融合。例如，通过实施“校企合作、产教融合”战略，鼓励职业院校与企业开展深度合作，共同培养人才；通过设立职业教育发展基金，支持职业院校开展教学改革，进行实训基地和师资队伍建设等。这些政策措施的出台，为苏州职业教育的快速发展提供了有力保障。

二、苏州职业教育在创新创业中的重要举措

1. 紧跟时代潮流，专业设置灵活多样

在创新创业的背景下，苏州职业教育紧跟时代潮流，不断优化专业设置，以满足市场需求。苏州职业教育一方面根据地方经济发展和产业结构调整的实际情况，增设了一批与新兴产业相关的专业，如新能源汽车技术、智能制造技术、电子商务等；另一方面，对传统专业进行升级改造，提升专业的技术含量和价值。这种灵活多样的专业设置方式，使得苏州职业教育能够更好地适应市场需求的变化，为创新创业提供有力的人才支撑。

2. 注重实践教学，强化学生动手能力

苏州的职业院校普遍建立了实训基地和完善的实习、实训体系，通过校企合作、工学交替等方式，让学生在真实的工作环境中进行实践操作和技能训练。这种注重实践的教学方式不仅增强了学生的动手能力，还培养了他们的创新意识和创业精神。许多学生在校期间就积极参与创新创业项目，通过实践不断增强自己的创新创业能力。

3. 加强校企合作，推动产教融合

“校企合作、产教融合”是苏州职业教育在创新创业中的又一重要举措。苏州的职业院校积极与企业开展深度合作，共同制定人才培养方案、开发课程和教材、建设实训基地等。通过校企合作，学生在校期间就可以接触企业的真实需求和工作环境，了解行业的发展趋势和前沿技术。同时，企业也可以借助职业院校的资源优势，开展员工培训、技术研发和成果转化等活动。这种紧密的合作关系不仅提升了职业院校的人才培养质量，还促进了企业的技术创新和产业升级。

4. 注重创新创业教育，激发学生创新创业热情

在创新创业教育的推动下，苏州的职业院校普遍设立了创新创业中心或创新创业学院等专门机构，负责开展创新创业教育和实践活动。通过开设创新创业课程、举办创新创业讲座和竞赛等方式，激发学生的创新创业热情，培养他们的创新思维和创业能力。许多职业院校还与企业合作设立了创新创业基金或孵化器等平台，为学生提供资金支持和创业指导服务。

这些举措的实施，为苏州职业教育的创新创业教育提供了有力保障。

三、苏州职业教育在创新创业中的实践探索

1. 打造特色专业群，服务地方产业发展

苏州的职业院校紧密结合地方产业发展需求，打造了一批具有鲜明特色的专业群。例如，苏州经贸职业技术学院依托其商贸物流、电子商务等专业优势，构建了现代服务业专业群；苏州农业职业技术学院则围绕现代农业产业链，打造了园艺技术、农产品加工与检测等专业群。这些特色专业群的建设不仅增强了职业院校专业的竞争力，还为地方产业的发展提供了有力的人才支撑。

2. 开展校企合作项目，推动产教融合深化

苏州的职业院校与企业合作开展了一系列校企合作项目，推动了产教融合的深化。例如，苏州工业园区职业技术学院与博世公司合作开设了“博世班”，采用现代学徒制的方式定向培养专业人才；苏州工业职业技术学院开展的“GF 智能制造生产实践项目”获评 2024 年苏州市职业教育校企合作典型生产实践项目。这些校企合作项目的实施不仅提高了职业院校的人才培养质量，还促进了企业的技术创新和产业升级。

3. 举办创新创业竞赛，激发学生创新创业活力

苏州市积极举办各类创新创业竞赛活动，为学生提供了展示自己创新创业成果的舞台。例如，苏州市每年都会举办职业学校创新创业大赛，吸引了众多职业院校的学生积极参与。这些竞赛活动不仅锻炼了学生的创新创业能力，还为他们提供了

与企业家、投资人等业界人士交流的机会。许多优秀的创新创业项目在竞赛中脱颖而出，获得了资金支持和创业指导服务。

4. 建立创新创业孵化平台，提供全方位创新创业服务

为支持学生的创新创业活动，苏州的职业院校还建立了多个创新创业孵化平台。这些平台不仅为学生提供了办公场地、设备设施等硬件支持，还为他们提供了法律咨询、财务代理、融资对接等全方位的服务。

四、苏州职业教育在创新创业中面临的挑战与对策

尽管苏州职业教育在创新创业中取得了显著成效，但仍面临着一些挑战和问题。例如，部分职业院校的创新创业教育体系尚不完善，缺乏系统的课程设置和教学方法；有些职业院校的师资力量不足，难以满足创新创业教育的需求。此外，部分职业院校与企业之间的合作还不够紧密，存在合作机制不健全、合作深度不够等问题。

针对这些挑战和问题，苏州职业教育可以采取以下对策：一是加强创新创业教育体系建设，完善课程设置和教学方法，增强学生的创新创业能力；二是加强师资队伍建设，引进和培养一批具有创新创业经验和能力的优秀教师；三是深化校企合作机制改革，建立更加紧密的合作关系和利益共享机制；四是加强创新创业孵化平台的建设和运营，为学生提供更加优质的创新创业服务。

五、结语

创新创业是当前社会发展的重要趋势和必然要求。苏州职业教育作为地方教育体系中的重要组成部分，在创新创业中发挥着不可替代的作用。通过紧跟时代潮流、注重实践教学、加强校企合作、注重创新创业教育等措施，苏州职业教育已经取得了一系列显著成效。未来，苏州职业教育将继续发挥其独特优势和作用，为地方经济和社会发展贡献更多的力量。

同时，我们也应该看到，创新创业是一个复杂而艰巨的任务，只有政府、企业、职业院校和社会各界共同努力、形成合力，才能推动创新创业事业不断向前发展。因此，我们期待苏州职业教育在未来的发展中能够加强与各方的合作与交流，探索创新创业的新路径和新模式，为地方经济和社会发展注入更多的活力和动力。

如今，随着国家对职业教育和创新创业的政策支持不断加强，苏州职业教育正迎来前所未有的发展机遇。我们坚信，在未来的日子里，苏州职业教育将继续以开放、创新、务实的办学理念，深入推进创新创业教育改革，让更多的学生怀揣梦想、勇往直前，在创新创业的道路上绽放光彩。让我们共同期待，苏州职业教育的创新创业之路越走越精彩！

目录
Contents

第一章　创新创业基础理论

在当今快速变化的全球经济环境中，创新创业已成为推动社会进步和经济发展的重要驱动力。它对于个人、企业乃至整个社会都具有深远的意义。它不仅能够推动经济的增长和转型，还能够激发个人的创造力和潜能，促进社会的进步和创新。职业院校作为培养未来技术技能人才的重要基地，肩负着为学生提供创新创业教育的重任。本章旨在全面阐述创新创业的基础理论，为学生提供一个系统的创新创业知识框架，帮助学生掌握创新创业的基本概念、基本要素、流程，以及不同商业模式的特点和应用，为学生未来的职业发展和创业实践打下坚实的基础。同时，我们也希望职业院校的学生能够在学习和实践中不断增强自己的创新创业能力，成为新时代的创新创业者。

1.1 创新创业概念解析

一、创新创业的定义

创新创业是当今社会经济发展的重要驱动力，它不仅为个人提供了实现自我价值的机会，也为企业和社会带来了新的活力和机遇。

创新是一个具有丰富内涵的概念，它不仅是指创造新的事物，还包括对既有事物重新组合、改进或赋予其新的意义。从经济学角度看，创新是将生产要素和生产条件进行重新组合，引入生产体系以实现新的生产函数，从而提高生产效率或创造新的市场需求。

创业是指个人或团队发现商业机会，整合资源，创建新的企业或组织，以实现商业价值和社会价值的过程。创业的核心是创造价值，可以是创造商业价值，如创造利润、增加产品销量等，也可以是创造社会价值，如解决社会问题、推动社会进步等。

创新与创业紧密相连，相互促进。创新是创业的基础，创业则是创新的实践载体。创新为创业提供了新的思路、产品或服务，是创业成功的关键因素之一。没有创新的创业往往缺乏竞争力，难以在市场中立足。创业为创新提供了实现价值的平台。通过创业，创新成果可以转化为实际的产品或服务，被推向市场，从而实现商业价值和社会价值。创业过程中的实践经验也会反过来促进创新。创业者在面对市场竞争和实际问题时，需要不断地寻求新的创新点来增强企业的竞争力。

因此，我们可以认为创新创业是指个体或团队在现有资源和条件的基础上，通过创造新的产品、服务或商业模式，满足市场需求，实现价值创造和增长的过程。

创新创业不仅涉及技术创新，还涉及管理创新、组织创新等多个方面。创新创业者需要具备敏锐的市场洞察力、创新思维、风险承受能力和执行力等素质，才能够在激烈的市场竞争中脱颖而出。

马云创建的阿里巴巴就是一个典型的创新创业案例。他敏锐地洞察到了中国电子商务市场的巨大潜力，通过创新的商业模式，将商家和消费者连接起来，实现了交易的便捷化和高效化。阿里巴巴为中国电子商务行业的发展做出了重要贡献。

二、创新创业的特点

1. 创新性

创新创业的核心在于创新，它要求创业者具备敏锐的市场洞察力和创新思维，能够发现市场需求和机会，并提出独特的解决方案。创新可以体现在产品、服务、技术、管理等多个方面。创业者只有不断创新，才能够在激烈的市场竞争中获得优势。

2. 风险性

创新创业是一项高风险的活动，它面临着市场风险、技术风险、管理风险等多种风险。市场风险主要是指市场需求的不确定性、市场竞争的激烈性等；技术风险主要是指技术的不成熟性、技术的更新换代等；管理风险主要是指管理团队的能力、经验不足等。创业者需要具备风险承受能力和应对风险的能力，才能够在创新创业过程中不断前进。

3. 实践性

创新创业是一项实践性很强的活动，它需要创业者将理论知识与实践相结合，通过实践来验证和完善自己的创新想法和商业模式。创业者需要具备实践能力和动手能力，才能够在创新创业过程中不断探索和尝试。

4. 持续性

创新创业是一个持续的过程，它需要创业者具备持续学习和持续创新的能力，这样才能够在激烈的市场竞争中立于不败之地。

三、创新创业的重要性

1. 推动经济发展

创新创业是推动经济发展的重要力量，它能够创造新的就业机会，促进产业升级和转型，提高国家的经济竞争力。例如，美国的硅谷就是创新创业的典型代表，它孕育了众多的高科技企业，推动了美国经济的持续发展。

2. 促进社会进步

创新创业能够促进社会的进步和发展，能够创造新的社会价值，改善人们的生活质量，促进社会的公平和正义。例如，一些医疗创新企业通过研发新的医疗技术和产品，提高了医疗水平，拯救了许多患者的生命；一些环保创新企业通过研发新的环保技术和产品，减少了环境污染，保护了地球的生态环境。

3. 激发个人潜能

创新创业是激发个人潜能的重要途径，它能够让人们充分发挥自己的创造力和想象力，实现自我价值的最大化。创新创业能够培养和提升人们的创新思维、风险承受能力和执行力等素质，这些素质的培养和提升反过来又能够让人们在创新创业过程中不断挑战自我，突破自我，实现自我价值的最大化。

1.2　创新创业的基本要素与流程

一、创新创业的基本要素

创新创业是推动社会进步和经济发展的核心动力，其成功依赖于多个关键要素的协同作用。创新创业的基本要素包括创新思维、创业机会、创业团队、创业资源、创业模式、创业环境等。创新思维是创新创业的核心，能够帮助创业者发现市场需求和机会，并提出独特的解决方案。创业机会是创新创业的前提，只有发现了有价值的创业机会，才能够进行创新创业活动。创业团队是创新创业的关键，一个优秀的创业团队能够整合各种资源，共同实现创业目标。创业资源包括资金、技术、人才、市场等，是创新创业的基础，没有足够的创业资源，创新创业活动将难以开展。创业模式为创新创业的具体开展提供了运行的逻辑架构。创业环境包括政策环境、市场环境、社会文化环境等，对创新创业活动有着重要的影响，良好的创业环境能够为创新创业者提供有利的条件和支持。

1. 创新思维

创新思维是创新创业的核心要素，它包括敏锐的市场洞察力、独特的创意和解决问题的能力等。创新思维能够帮助创业者发现市场需求和机会，并提出独特的解决方案。例如，乔布斯的创新思维让他能够敏锐地洞察到消费者对便捷、时尚的电子产品的需求，从而推出了苹果手机等一系列深受消费者喜爱的产品。

2. 创业机会

创业机会是创新创业的前提要素，它是指市场上存在的未被满足的需求或未被充分利用的资源。创业者需要通过市场调研和分析，发现有价值的创业机会，并将其转化为商业机会。例如，共享单车的出现就是因为人们对便捷、环保的出行方式存在需求，而现有的公共交通和私人交通无法满足这一需求，创业者通过创新的商业模式，将闲置的自行车资源进行整合，推出了共享单车服务，满足了市场需求。

3. 创业团队

创业团队是创新创业的关键要素，它包括创业者、合伙人、员工等。一个优秀的创业团队能够整合各种资源，共同实现创业目标。创业团队成员需要具备不同的专业背景和技能，如技术、营销、管理等，才能够在创新创业过程中相互协作、优势互补。例如，小米公司的创业团队由雷军、林斌、黎万强等多位具有丰富行业经验和专业技能的成员组成，他们在技术研发、产品设计、市场营销等方面发挥了各自的优势，共同推动了小米公司的快速发展。

4. 创业资源

创业资源是创新创业的基础要素，它包括资金、技术、人才、市场等。创业者需要通过各种渠道获取创业资源，并将其合理利用，以支持创业活动的开展。例如，创业者可以通过向银行贷款、吸引风险投资、进行众筹等方式获取资金资源；可以通过与高校、科研机构合作，获取技术资源；可以通过招聘优秀的人才，组建专业的团队，获取人才资源；可以通过市场调研和分析，了解市场需求和竞争情况，获取市场资源。

5. 创业模式

创业模式也可称为商业模式，它描述了创业者创造价值、传递价值和获取价值的逻辑架构。一个好的创业模式应该清晰地定义目标客户、产品或服务、收入来源、成本结构以及合作伙伴等要素。例如，京东的创业模式是以电子商务平台为核心，通过向消费者（目标客户）提供海量的商品选择（产品或服务），吸引大量的用户流量，然后通过收取商家的佣金、广告费用以及自身的商品销售利润（收入来源）来获取价值。同时，京东还建立了高效的物流配送体系来确保商品能够快速准确地送到消费者手中，并且通过不断优化运营成本来增强盈利能力。

6. 创业环境

创业环境是创新创业的外部要素，它包括政策环境、市场环境、社会文化环境等。良好的创业环境能够为创业者提供有利的条件和支持，促进创新创业活动的开展。政府出台一系列鼓励创新创业的政策，如税收优惠、创业补贴、知识产权保护等，能够为创业者创造良好的政策环境；活跃的市场环境，能够为创业者提供更多的市场机会和发展空间；开放、包容的社会文化环境，能够帮助创业者拥有创新思维和创业精神。

上述要素并非孤立存在，而是动态关联的：在良好的创业环境下，创业思维驱动创业机会，创业团队决定创业资源获取效率，创业模式验证后进行快速的商业迭代。成功的创新创业需要在探索中不断调整要素配比，最终实现“需求—方案—市场”的高效闭环。

二、创新创业的流程

创新创业是一个从创意萌芽到市场落地的系统性过程，其本质是将不确定性转化为可控风险的系统工程，最终实现从“0”到“1”的突破及从“1”到“N”的进化。它的流程包括机会识别、项目规划、团队组建、资源整合、商业模式设计、市场推广、运营管理和风险控制等环节。机会识别是创新创业的起点，创业者需要通过市场调研和分析，发现有价值的创业机会。项目规划是对创业机会的进一步细化和规划，包括确定项目目标、制订项目计划、进行可行性分析等。团队组建是创新创业的重要环节，创业者需要组建一个具备不同专业背景和技能的团队，才能共同推动项目的进展。资源整合是将各种创业资源进行有效的整合和利用，包括筹集资金、获取技术、招聘人才等。商业模式设计是创新创业的核心，创业者需要设计出一个可持续的商业模式，为企业带来盈利和价值。市场推广是将企业的产品或服务推向市场，提高品牌知名度和市场占有率。运营管理是对企业的日常运营进行管理和优化，提高企业的效率和竞争力。风险控制是对创新创业过程中可能出现的风险进行识别和评估，并采取相应的控制和规避措施。

1. 机会识别

机会识别是创新创业的起点。创业者需要通过市场调研和分析，发现有价值的创业机会。机会识别的过程需要创业者具备敏锐的市场洞察力和创新思维，能够发现市场需求和机会，并将其转化为商业机会。例如，创业者可以通过对消费者需求的调研，发现市场上存在着对某种产品或服务的需求，而现有产品或服务无法满足这一需求，从而发现创业机会。

2. 项目规划

项目规划是对创业机会的进一步细化和规划，包括确定项目目标、制订项目计划、进行可行性分析等。项目规划的过程需要创业者具备项目管理的能力，能够合理安排项目的时间、资源和进度，确保项目的顺利开展。创业者需要确定项目的目标市场、产品或服务的定位、营销策略等，以制订详细的项目计划，并进行可行性分析，从而评估项目的风险和收益。

3. 团队组建

团队组建是创新创业的重要环节。创业者需要组建一个具备不同专业背景和技能的团队，共同推动项目的进展。团队组建的过程需要创业者具备团队管理的能力，能够合理分配团队成员的任务和职责，促进团队成员之间的协作和沟通。创业者可以通过招聘、合作等方式组建团队，确保团队成员具备不同的专业背景和技能，如技术、营销、管理等。

4. 资源整合

资源整合是将各种创业资源进行有效的整合和利用，包括筹集资金、获取技术、招聘人才等。资源整合的过程需要创业者具备相应的能力，能够合理利用各种资源，提高资源的利用效率和价值。

5. 商业模式设计

商业模式设计是创新创业的核心。创业者需要设计出一个可持续的商业模式，这个模式要能够为企业带来盈利和价值。商业模式设计的过程需要创业者具备相应的能力，能够根据市场需求和机会，设计出符合企业实际情况的商业模式。例如，创业者可以通过分析市场需求和竞争情况，确定企业的盈利模式、收入来源、成本结构等，设计出一个可持续的商业模式。

6. 市场推广

市场推广是将企业的产品或服务推向市场，提高品牌知名度和市场占有率。市场推广的过程需要创业者具备相应的能力，能够制定出有效的市场推广策略，增强企业的市场竞争力。例如，创业者可以通过广告宣传、促销活动、公关活动等方式进行市场推广，提高企业的品牌知名度和市场占有率。

7. 运营管理

运营管理是对企业的日常运营进行管理和优化，提高企业的效率和竞争力。运营管理的过程需要创业者具备相应的能力，能够合理安排企业的生产、销售、财务等方面的工作，以确保企业的正常运营。例如，创业者需要建立完善的企业管理制度，规范企业的运营流程，提高企业的运营效率和管理水平。

8. 风险控制

风险控制是对创新创业过程中可能出现的风险进行识别和评估，并采取相应的措施进行控制和规避。风险控制的过程需要创业者具备风险意识，能够及时发现和应对各种风险，降低企业的损失。例如，创业者可以通过制定风险预案、分散风险、购买保险等方式进行风险控制，降低企业的风险。

1.3 创新创业的商业模式与案例分析

商业模式是创新创业成功的关键因素之一，它决定了企业如何创造、传递和获取价值。一个成功的商业模式应当具有清晰的盈利模式、可持续的竞争优势和良好的客户体验。

一、商业模式的概念

商业模式是指企业在市场竞争中为了实现盈利目标而采取的一系列商业活动的组合方式。商业模式包括价值主张、目标客户、渠道通路、客户关系、收入来源、核心资源与关键业务、成本结构等多个方面的内容，它是企业运营的核心和基础。

二、商业模式的核心要素

1. 价值主张

价值主张是商业模式的核心要素，它明确了企业为客户提供的独特价值。企业需要通过产品或服务解决客户的问题或满足客户的需求，从而吸引客户购买。例如，滴滴出行的价值主张是为用户提供便捷、高效、安全的出行服务，解决人们在城市中的出行问题。

2. 目标客户

目标客户是企业产品或服务的受众群体。企业需要对目标客户进行精准的定位，了解他们的需求、行为习惯、消费心理等特征，以便更好地设计产品或服务并制定营销策略。例如，小米公司将年轻、追求性价比、热爱科技的消费者作为目标客户，针对这一群体推出了高性价比的智能手机和智能硬件产品。

3. 渠道通路

渠道通路是企业将产品或服务传递给目标客户的途径。渠道通路包括线上渠道（如网站、APP、社交媒体等）和线下渠道（如实体店、经销商、代理商等）。企业需要根据产品或服务的特点和目标客户的购买习惯选择合适的渠道通路。例如，美妆品牌可以通过线上电商平台和线下专柜两种渠道向消费者销售产品。

4. 客户关系

客户关系是指企业与客户之间建立的互动关系。企业可以通过提供优质的客户服务、个性化的体验、会员制度等方式来建立良好的客户关系，提高客户的忠诚度。例如，星巴克通过提供舒适的店内环境、优质的咖啡产品和个性化的会员服务，与消费者建立了紧密的客户关系。

5. 收入来源

拥有稳定的收入来源是企业能够实现盈利的前提。企业的收入来源包括产品销售、服务收费、广告收入、订阅收费、授权收入等多种形式。例如，腾讯的主要收入来源包括游戏收入、广告收入、会员服务收入等。

6. 核心资源与关键业务

核心资源是企业开展业务所必需的重要资源，如技术、人才、品牌等。关键业务则是企业为了创造价值而必须开展的核心活动，如产品研发、生产制造、市场营销等。例如，华为的核心资源包括其强大的研发团队和通信技术专利，其关键业务包括通信设备的研发、生产和销售。

7. 成本结构

成本结构是指企业在开展业务过程中所发生的各种成本的构成情况。企业需要合理控制成本，以确保盈利能力。成本结构包括固定成本（如房租、设备折旧等）和可变成本（如原材料、人工等）。制造业企业的成本结构中，原材料成本和人工成本通常占比较大；而互联网企业的成本结构中，研发成本和营销成本可能占比较大。

三、常见商业模式

1. 订阅模式

这一模式是指用户通过定期（如按月或年）付费，持续获得产品或服务的使用权。企业通过稳定现金流与用户长期绑定实现盈利。例如，咕咚运动平台提供健身课程订阅，持续更新内容，用户按月付费；奈飞（Netflix）提供会员制流媒体服务，依赖优质内容留住用户。

核心逻辑：用户定期付费获取持续服务，企业实现稳定现金流。

适用场景：内容服务、软件工具、会员制商品（如生鲜配送）等。

挑战：需持续提供高价值内容，防止用户流失。

2. 平台模式（双边市场）

该模式是指通过连接供需双方或多方（如买家与卖家、创作者与用户），提供交易或互动场所，通过佣金、广告或增值服务实现盈利。例如，美团整合餐饮商家、骑手与消费者，收取佣金和配送费。

核心逻辑：连接供需双方，通过佣金、广告或增值服务赢利。

适用场景：电商、本地生活服务、内容创作领域等。

挑战：需保证用户规模和平台规则公平性以赢得各方信任。需平衡多方利益，避免垄断竞争。

3. 共享经济模式

共享经济模式是指整合闲置资源（如车辆、房屋、技能等），通过平台共享给他人使用，降低资源浪费与用户成本。例如，滴滴出行整合私家车与司机资源，解决打车难问题；爱彼迎（Airbnb）整合个人闲置房源，提供个性化住宿体验。

核心逻辑：整合闲置资源，降低成本，提升资源利用率。

适用场景：交通出行（如共享单车、顺风车等）、住宿、工具租赁、技能服务

（如兼职平台）等。

挑战：资源维护成本高（如共享单车损坏率高），需严格管理共享资源。

4. 免费增值模式

该模式是指通过基础功能免费吸引大量用户，再通过高级功能、增值服务或去广告等“付费点”实现盈利。例如，金山文档提供免费的基础功能，用户可付费解锁模板与云存储等高级功能；王者荣耀是一款免费游戏，但通过皮肤和道具收费，2022 年营收超百亿元。

核心逻辑：基础功能免费吸引用户，高级功能收费实现盈利。

适用场景：软件、工具类产品（如云存储、设计工具）、游戏、在线教育等。

挑战：需设计合理的付费点，避免免费功能过于强大导致用户不愿付费。

5. 线上线下融合（O2O）模式

该模式是指将线上流量与线下服务结合，形成闭环体验，线上引流至线下消费，或线下体验促进线上复购。例如，盒马鲜生提供线上下单 30 分钟送达的服务，用户也可以通过线下门店增强体验（如海鲜加工）；美团买菜通过线上平台配合社区前置仓模式，满足用户对即时生鲜的需求。

核心逻辑：线上流量导入线下服务，或线下体验反哺线上销售。

适用场景：本地生活服务（餐饮、生鲜、家政）、零售业数字化转型（如“新零售”）等。

挑战：需平衡物流成本与用户体验，对供应链要求极高。

6. 剃刀与刀片模式

该模式是指低价销售主体产品（如剃须刀），通过持续销售高利润的配套耗材（如刀片）赢利。例如，惠普低价销售打印机，但通过高价销售墨盒赢利；奈斯派索（Nespresso）咖啡机让利用户，靠胶囊咖啡持续获利。

核心逻辑：低价销售主体产品，通过耗材或配件持续赢利。

适用场景：耐用产品与高频耗材组合。

挑战：需建立用户黏性，防止第三方产品冲击市场。

从以上商业模式可以看出，不同的企业在商业模式上存在着差异，但它们都有一个共同的特点，就是能够为消费者创造价值，满足消费者的需求，同时也能够实现企业的盈利目标。

四、商业模式创新方法论

1. 痛点驱动法

方法论：从用户未被满足的需求出发，设计解决方案。

案例：

瑞幸咖啡针对咖啡价格高、购买不便等痛点，主打“高性价比+密集门店+线上点单”业务。

共享充电宝解决了用户为手机电量焦虑的问题，按需租借。

2. 跨界整合法

方法论：打破行业边界，融合不同领域资源创造新价值。

案例：

故宫文创将传统文化 IP 与文具、美妆等消费品结合，创造价值。

特斯拉将汽车制造与能源存储相结合，将太阳能屋顶与其“能量墙（Powerwall）”产品相结合，创造出更大的价值。

3. 技术赋能法

方法论：利用新技术提升效率或创造新场景。

案例：

大疆农业无人机将无人机技术应用于农药喷洒，降低农民劳动成本。

智能客服替代部分人工客服，提升企业效率。

五、商业模式失败案例分析

1. ofo 小黄车案例

失败原因：车辆损耗率高，过度扩张导致供应链断裂，押金难退引发信任危机。

反思：需注重现金流健康，避免过度依赖资本补贴。

2. 锤子手机案例

失败原因：过度追求设计创新，忽视供应链管理与用户实际需求。

反思：产品需平衡创新与实用性，重视供应链稳定性。

基于对上述商业模式失败案例的分析，可以简要总结它们的共性如下：

① 脱离用户真实需求。

② 盈利模式不清晰。

③ 资源与能力（如技术、资金、团队等）不匹配。

六、商业模式风险讨论

以“校园奶茶店”为例，分析可能面临的商业模式风险（如季节性需求波动、竞争激烈），提出改进方案。

总之，创新创业是一个复杂的系统工程。创业者需要具备创新思维、商业机会识别能力、资源整合能力、团队合作能力等多个方面的素质和能力，并建立机会识别、项目规划、团队组建、资源整合、商业模式设计、市场推广、运营管理和风险控制等流程，才能够实现创业的成功。希望本章节的内容能够为职业院校的学生提供一些有益的参考和帮助，让他们在未来的学习和生活中，积极投身创新创业的实践，为个人的发展和社会的进步作出贡献。

第二章 苏州职业教育创新创业环境分析

2.1 苏州区域经济特色与创新创业机遇

2.1.1 苏州区域经济特色分析

一、经济总量与区域贡献

1. 全国领先的经济体量

在全国宏观经济格局中，苏州凭借突出的经济体量，占据着重要地位。2024年，苏州市地区生产总值达到26 726.98亿元，在全国城市中位居第六，仅次于上海、北京、深圳、重庆及广州。这一数据充分彰显了苏州雄厚的经济实力。

剖析2024年经济数据，将苏州代管的昆山、太仓、张家港、常熟四个县级市的经济数据剥离，苏州市区地区生产总值为12 785.21亿元，与东莞市12 282.15亿元的地区生产总值较为接近。通过对比分析，可以发现苏州代管的县级市在苏州整体经济构成中的关键作用。代管的县级市凭借自身独特的产业基础与发展模式，在制造业、对外贸易等领域取得显著成就，成为拉动苏州经济增长的重要力量。它们的稳健发展，为苏州经济持续增长提供了有力支撑，使苏州在全国经济版图中保持强劲的竞争力，也为苏州未来经济的高质量发展奠定了坚实基础。

2. 县域经济高度发达

苏州代管的四个县级市（昆山、张家港、常熟、太仓）在全国百强县中均位居前列，展现了苏州县域经济的强劲实力。其中，昆山作为全国百强县的“领头羊”，连续多年稳居榜首，2024年规模以上工业总产值突破1.2万亿元。昆山不仅拥有全球领先的电子信息产业集群，还吸引了大量外资企业入驻，成为长三角地区重要的制造业基地。张家港以钢铁、化工等重工业闻名，2024年规模以上工业增加值同比增长5%，港口物流业也蓬勃发展，年吞吐量位居全国前列。常熟以纺织服装和汽车零部件，太仓以高端装备制造和先进材料为主导产业，2024年两地的地区生产总值增速均超过6%，为苏州整体经济贡献了重要力量。县域经济在苏州地区生产总值中的占比超过50%，苏州形成了“市区+强县”的协同发展模式。这种模式不仅推动了区域经济的均衡发展，还通过产业互补和资源共享，增强了苏州在全国乃至全球的竞争力。

二、产业结构与转型升级

1. 以制造业为核心，高新技术产业崛起

苏州的经济发展以制造业为核心，同时高新技术产业迅速崛起，成为推动经济增长的重要引擎。制造业的坚实基础为苏州经济提供了强大的支撑，而近年来高新技术产业的快速发展为苏州经济注入了新的活力。

电子信息和生物医药是苏州的两大支柱产业。2024 年，苏州高新技术产业产值达 25 726.3 亿元，比上年增长 7.7%，占规模以上工业总产值的 54.7%，这一数据充分体现了高新技术产业在苏州经济中的重要地位。电子信息产业以昆山、苏州工业园区为核心区域，形成了完整产业链。生物医药产业则以苏州高新区和苏州生物医药产业园为依托。2024 年苏州生物医药产业产值突破 2 000 亿元。

此外，苏州还积极推动制造业与数字经济的深度融合，数字经济核心产业规模占地区生产总值比重持续增加，企业数字化渗透率位居全国前列。通过技术创新和产业升级，苏州正逐步从传统制造向高端制造和智能制造转型，为未来经济的可持续发展奠定了坚实基础。

2. 服务业与消费市场稳步增长

苏州的服务业与消费市场在 2024 年呈现出稳步增长的态势，为经济增长注入了新的动力。2024 年，苏州社会消费品零售总额同比增长 4.8%，消费市场的小幅回升得益于多项政策刺激措施的实施。例如，政府通过发放消费券、扩大社保覆盖范围等方式，有效提振了居民消费信心，促进了内需的恢复。此外，苏州作为长三角地区的重要消费中心，吸引了大量周边城市的消费需求，进一步推动了零售市场的活跃。

与此同时，数字经济与绿色经济成为苏州经济发展的新动能。2024 年，苏州企业数字化渗透率位居全国前列，尤其是在制造业和服务业领域，数字化技术的广泛应用显著提升了生产效率和市场竞争力。在绿色经济方面，苏州通过推动新能源、节能环保等产业的发展，逐步构建起绿色低碳的经济体系。

总体来看，服务业与消费市场的稳步增长，以及数字经济与绿色经济的快速发展，为苏州经济的可持续发展提供了强有力的支撑。

三、外向型经济与全球竞争力

1. 外资依赖与产业链优势

苏州作为中国典型的外向型经济城市，长期以来依赖外资和国际贸易驱动经济增长。2024 年，苏州的货物贸易进出口总额占全国比重约为 6%，显示出其在全国外贸格局中的重要地位。苏州的电子信息产业形成了完整产业链，吸引了包括富士康、三星等全球知名企业入驻。这些企业早期以代工模式为主，为苏州带来了大量的就业机会和外汇收入，但也带来了诸如附加值低、技术依赖性强等问题。

苏州通过产业链升级，逐步向高附加值环节延伸，推动制造业向高端化、智能化转型。例如，苏州工业园区和高新区通过引进研发中心、创新平台和高端制造项目，提升了产业链的技术含量和附加值。苏州还积极融入全球创新网络，通过加强与共建“一带一路”国家和《区域全面经济伙伴关系协定》（RCEP）成员国的合作，进一步拓展国际市场。

2. 纺织业彰显国际竞争力

苏州的纺织业在国际市场上展现出强大的竞争力，成为区域经济的重要支柱之一。2025 年年初，苏州纺织企业，如恒力化纤、联宏纺织等，在法兰克福国际展会上表现亮眼，进一步巩固了其在国际市场的地位。这些企业通过技术创新和品牌建设，不断提升产品质量和附加值，赢得了全球客户的青睐。苏州纺织企业积极依托“一带一路”倡议和 RCEP 的政策红利，大力拓展东南亚市场。东南亚地区作为全球纺织业的重要生产和消费市场，为苏州企业提供了广阔的发展空间。通过加强与东南亚国家的贸易合作，苏州纺织业不仅扩大了出口规模，还实现了产业链的国际化布局。

四、区域经济差异与协调发展

1. 区域经济差异特征

苏州各区域经济发展特征明显，各区域经济增速有差异但正在缩小，同时各区域产业发展各具特色。昆山的电子信息和装备制造、常熟的汽车及纺织、吴中区的机器人与智能制造和生物医药、姑苏区的文化与数字经济等产业均推动着当地经济的增长。昆山作为全国百强县的领头羊，依托电子信息产业和外资企业的集聚效应，经济增速持续领先。而吴江以纺织、光电缆等传统产业为基础，逐步向高端制造业和现代服务业转型，保持了稳定的增长态势。

2. 政策驱动的平衡发展

尽管区域间经济水平存在差异，但苏州通过政策引导和资源优化配置，促进了区域间的协同发展。例如，苏州工业园区和高新区通过产业集聚效应显著带动了周边区域的协同发展。苏州工业园区自成立以来，通过引进外资、优化产业布局和推动技术创新，形成了以电子信息、生物医药和高端制造为主导的产业集群，成为全国乃至全球知名的产业创新高地。高新区则依托科技创新和人才优势，重点发展新一代信息技术、新能源和智能制造等战略性新兴产业，吸引了大量高科技企业和研发机构入驻。2024 年，高新区工业税收在全市占比极高，有力支撑起苏州工业经济发展大局，充分彰显了其在苏州经济体系中的关键地位与强劲影响力。

为促进区域平衡发展，苏州通过政策引导和资源倾斜，推动工业园区和高新区的辐射效应向周边县域延伸。例如，通过共建产业园区、共享基础设施和优化产业链分工，昆山、张家港等县域经济实现了与市区的协同发展。此外，政府还通过税收优惠、人才引进和科技创新扶持政策，鼓励企业向高附加值环节转型升级，进一步提升了区域经济的整体竞争力。

五、挑战与未来发展方向

1. 产业转型压力

苏州作为中国制造业的重要基地，正面临产业转型的巨大压力。传统制造业虽然为苏州经济奠定了坚实基础，但其附加值较低，部分企业仍依赖低成本劳动力，导致整体盈利能力不足。2024 年，苏州规模以上工业企业的利润率表现相对疲软，显示出其传统制造业在市场竞争中的劣势。随着劳动力成本上升和资源环境约束加剧，传统制造业的可持续发展面临严峻挑战。为此，苏州亟须通过技术创新和产业升级，推动制造业向高端化、智能化、绿色化方向转型。

2. 创新与可持续发展

在创新与可持续发展方面，2024 年苏州全社会研发投入占其区生产总值的比重约为 4.15%，与深圳的 6.46%相比仍有较大差距。为弥补这一短板，苏州正积极强化产学研合作，推动企业与高校、科研机构的深度融合。例如，苏州与南京航空航天大学共建研究院，聚焦航空航天、智能制造等领域的核心技术研发，为产业升级提供技术支撑。此外，苏州还通过设立创新基金、引进高端人才等措施，增强自主创新能力，推动科技成果转化。

苏州经济以“制造业强基、县域协同、外向驱动”为特色，未来需通过创新链与产业链深度融合，突破附加值瓶颈，巩固其“中国最强地级市”的地位。

2.1.2　苏州创新创业机遇

一、政策支持与营商环境

1. 政策红利释放

苏州作为长三角一体化发展的重要节点城市，享有国家和地方的多重政策支持，为创新创业提供了优越的政策环境。苏州工业园区和高新区作为国家级开发区，享有各种优惠政策，吸引了大量高科技企业和创新团队入驻。例如，苏州工业园区对符合条件的科技型企业提供最高 500 万元的启动资金支持，并为高层次人才提供住房补贴和子女教育优惠，极大地降低了创新创业的成本和门槛。

2024 年，苏州进一步推出“创新创业十条”政策，重点支持科技型中小企业和初创企业。该政策从资金、场地、技术等多个维度为企业提供全方位支持。例如，设立创新创业基金，专门用于扶持早期科技项目；提供低价或免租金的办公场地，降低企业运营成本；搭建技术服务平台，为企业提供研发设备共享和技术咨询服务。此外，苏州还通过举办创新创业大赛、设立科技成果转化中心等方式，推动创新资源的集聚和高效利用。

2. 营商环境优化

苏州连续几年入选全国“营商环境最佳口碑城市”，政府通过深化“放管服”改革大幅简化了企业注册流程，实现了“一窗受理、一网通办”。此外，苏州还推出了“不见面审批”和“全程电子化”服务，进一步提升了政务服务的效率和便利性。2024 年，苏州新增市场主体超过 20 万家，其中科技型企业占比达 35%，显示出营商环境优化对创新创业的显著促进作用。

苏州通过建立企业服务中心和营商环境监测平台，为企业提供全方位的政策咨询和问题解决服务。针对中小企业的融资难题，苏州推出了相应的金融产品，帮助企业获得低成本贷款。苏州还通过定期举办企业家座谈会和进行营商环境评估，及时了解企业需求并优化政策。

二、产业基础与创新生态

1. 制造业升级带来的机遇

苏州作为中国制造业的重要基地，拥有雄厚的产业基础，尤其是在电子信息、生物医药、高端装备制造等领域形成了完整的产业链和产业集群。这些传统优势产业为创新创业提供了丰富的应用场景和市场需求。例如，苏州工业园区的智能制造和工业互联网平台为初创企业提供了技术支持和市场机会。园区内集聚了大量全球领先的制造企业和研发机构，为初创企业提供了技术合作、供应链对接和市场拓展的便利条件。2024 年，苏州工业园区新增智能制造相关企业超过 500 家，其中 80%以上为中小型科技企业，显示出制造业升级带来的巨大机遇。苏州高新区还设立了智能制造创新中心，为企业提供技术研发、成果转化和人才培养等服务。苏州通过推动制造业与数字经济的深度融合，为创新创业开辟了新赛道。

2. 创新生态体系完善

苏州拥有完善的创新生态体系，为创新创业提供了强有力的支撑。这一体系涵盖了高校、科研院所、孵化器和产业基金等多个关键要素，形成了从技术研发到产业化的完整链条。例如，苏州与南京航空航天大学、苏州大学等高校共建研究院，聚焦航空航天、智能制造、生物医药等领域的核心技术研发，推动产学研深度融合。在孵化器建设方面，苏州近年来取得了显著进展。2024 年，苏州新增孵化器 50 家，累计孵化企业超过 5 000 家，涵盖了电子信息、生物医药、新能源等多个领域。这些孵化器不仅为初创企业提供办公场地和基础设施，还通过创业培训、融资对接和市场推广等服务，帮助企业快速成长。例如，苏州工业园区的国际科技园和苏州高新区的创业服务中心，已成为全国知名的创新创业孵化平台。苏州还通过设立产业基金和引导社会资本参与，为创新创业提供资金支持。2024 年，苏州科创基金规模超过 100 亿元，重点投资早期科技项目，助力企业突破技术瓶颈。

三、数字经济与绿色经济新动能

1. 数字经济蓬勃发展

苏州的数字经济在 2024 年呈现出蓬勃发展的态势，规模占地区生产总值比重超过 40%，成为推动经济增长的重要引擎。例如，人工智能技术在医疗领域的应用，催生了智能诊断和远程医疗等高成长性企业；大数据技术在金融领域的应用，推动了智能风控和精准营销等创新模式的兴起；区块链技术在供应链管理和知识产权保护中的应用，为制造业和文创产业带来了新的发展机遇。苏州通过政策引导和资源整合，积极推动数字技术与实体经济的深度融合。2024 年，苏州新增数字经济相关企业超过 3 000 家，其中 80%以上为中小型科技企业，显示出数字经济的强大活力和潜力。

2. 绿色经济潜力巨大

苏州大力发展新能源、节能环保等绿色产业，这些产业展现出了巨大的发展潜力。2024 年，苏州市新能源产业高质量发展大会发布了《苏州市新能源产业高质量发展三年行动计划（2024—2026 年）》，提出到 2026 年建成具有国际竞争力的新能源产业集群和应用示范区，全市新能源产业产值（含新能源汽车及零部件产业）力争突破 10 000 亿元。在光伏储能领域，苏州吸引了阿特斯等龙头企业入驻。2024 年阿特斯 20 GWh 储能工厂的投产，为区域绿色能源转型提供了强有力的支撑。在新能源汽车领域，苏州通过引进整车制造和核心零部件企业，形成了完整的产业链，2024 年新能源汽车产量同比增长 30%，苏州也成为全国重要的新能源汽车生产基地。

苏州通过政策引导和市场机制，推动绿色技术的研发和应用。例如，政府设立了绿色产业基金，重点支持节能环保、清洁能源等领域的创新创业项目。2024 年，苏州新增绿色经济相关企业超过 1 000 家，其中光伏储能和新能源汽车领域的初创企业占比超过 40%。这些企业不仅获得了资本市场的青睐，还享受到了税收减免、研发补贴等政策支持。

四、人才集聚与国际化优势

1. 人才高地效应

苏州通过一系列政策成功吸引了大量海内外高端人才，为创新创业提供了强有力的人才支撑。2024 年，苏州新增高层次人才超过 1 万人，其中包括顶尖科学家、行业领军人才和青年创新创业者。这些人才的集聚不仅增强了苏州的科技创新能力，还为产业发展注入了新的活力。苏州拥有丰富的高校和科研院所资源，如苏州大学、西交利物浦大学以及中国科学院苏州纳米技术与纳米仿生研究所等，这些机构为本地企业提供了源源不断的技术支持和人才储备。此外，苏州还通过建设人才公寓、提供子女教育优惠等措施，打造了宜居宜业的人才生态，进一步增强了城市对高端人才的吸引力。

2. 国际化合作机遇

苏州依托其外向型经济优势，积极与共建“一带一路”国家和 RCEP 成员国开展深度合作，为创新创业企业拓展国际市场提供了广阔平台。例如，苏州工业园区与新加坡合作共建“国际化走廊”，通过资源共享和产业协同，推动两地企业在技术研发、市场拓展等方面的合作。此外，苏州还通过举办国际创新创业大赛、设立海外创新中心等方式，帮助企业对接全球资源。近几年，苏州与 RCEP 成员国的贸易额增长迅猛，显示出国际化合作的显著成效。未来，苏州将继续深化国际合作，推动创新创业企业融入全球价值链，增强国际竞争力。

五、资本支持与融资环境

1. 多层次资本市场

苏州拥有活跃的创投生态，为创新创业企业提供了丰富的融资选择。2024 年，苏州创投机构数量超过 500 家，管理资金规模超 3 000 亿元，形成了覆盖早期、成长期和成熟期的多层次资本市场体系。例如，苏州科创基金作为政府主导的产业基金，重点支持早期科技项目，为初创企业提供了关键的资金保障。苏州通过设立产业引导基金、吸引社会资本参与等方式，进一步扩大了资本市场的规模和影响力。

2. 融资渠道多元化

苏州通过政策引导和市场机制，不断拓宽企业的融资渠道，为创新创业提供了多元化的资金支持。2024 年，苏州科技型企业获得融资总额超过 200 亿元，其中天使投资和风险投资占比显著提升，显示出资本市场对早期科技项目的高度关注。苏州设立了政府引导基金，重点支持人工智能、生物医药、新能源等领域的初创企业。苏州鼓励社会资本参与创新创业投资，通过设立产业基金、举办投融资对接会等方式，为企业与社会资本搭建桥梁。苏州还积极探索知识产权质押融资、科技保险等新型融资模式，进一步丰富了企业的融资选择。

苏州创新创业机遇丰富，未来需通过政策引导、产业协同和创新驱动，进一步释放发展潜力，打造具有全球影响力的创新创业高地。

2.2 政策支持与校企合作在创新创业中的作用

在创新创业生态系统中，政策支持和校企合作扮演着至关重要的角色。它们不仅是推动创新创业发展的核心动力，也是连接资源、技术和市场的重要桥梁。

一、政策支持的核心作用

1. 提供基础保障与激励

政策支持在创新创业生态体系中发挥着基石性作用，为其提供了坚实的基础保障。在资金层面，政府通过设立专项基金、提供低息贷款等方式，为创新创业主体注入关键启动资金，缓解其初期资金压力。税收优惠政策则以减免、抵扣等形式，降低企业运营成本，增强其盈利能力与发展后劲。场地支持政策体现在提供低价或免费的创业园区、众创空间等物理空间，有效降低创业场地租赁成本。人才引进政策通过提供落户便利、人才补贴等措施，吸引高端人才汇聚。以苏州市政府推出的“创新创业十条”政策为例，该政策精准发力，为初创企业提供启动资金，缓解燃眉之急；给予企业办公场地补贴，减轻运营负担；实施税收减免，提升企业利润空间。政策激励措施如同强大的引力场，吸引了更多怀揣梦想的人才投身创新创业浪潮，带动大量资本流入该领域，进而有效激发市场活力，为苏州经济的持续创新发展筑牢根基。

2. 引导产业发展方向

政策支持在引导产业发展方向方面发挥着至关重要的作用。通过产业规划和专项基金，政府能够有效引导创新创业资源向重点领域集聚，从而推动区域经济的高质量发展。例如，苏州将数字经济、绿色经济和生物医药列为重点发展方向，并通过一系列政策倾斜支持相关领域的创新创业项目。在数字经济领域，苏州设立了数据产业相关投资基金或引导基金等专项基金。在新能源产业产值目标方面，《苏州市新能源产业高质量发展三年行动计划（2024—2026 年）》提出，到 2026 年建成具有国际竞争力的新能源产业集群和应用示范区，全市新能源产业产值（含新能源汽车及零部件产业）力争突破 10 000 亿元。在生物医药领域，苏州生物医药产业园通过政策引导和资金支持，吸引了大量创新型企业入驻，成为全国重要的生物医药研发和生产基地。

政策引导不仅优化了资源配置，还推动了区域经济的结构优化和产业升级。通过将资源集中在高附加值、高技术含量的领域，苏州不仅增强了产业的整体竞争力，还为创新创业企业提供了更多的发展机会。

3. 构建创新创业生态

政策支持在构建创新创业生态方面发挥了关键作用。通过搭建平台、举办活动和优化营商环境，政府为创新创业提供了良好的发展环境。例如，苏州工业园区和高新区通过政策支持，吸引了大量高科技企业和创投机构入驻，形成了完整的产业链和创新链。苏州工业园区作为国家级开发区，不仅为企业提供了税收优惠、人才补贴等政策支持，还通过建设孵化器、加速器和众创空间，为初创企业提供了全方位服务。2024 年，苏州工业园区新增孵化企业超过 500 家，其中 80%以上为科技型企业，显示出政策支持对创新创业的显著促进作用。

二、校企合作的关键作用

1. 促进产学研深度融合

校企合作在促进产学研深度融合方面发挥着至关重要的作用，成为连接理论研究与产业实践的重要纽带。通过合作，学校可以为企业提供理论支持和人才储备，而企业可以为学校提供真实的实践场景和宝贵的市场反馈，从而实现优势互补和资源共享。学校依托自身的科研能力和人才优势，可为企业提供技术解决方案和创新思路，而企业可通过实际生产环境和市场需求，帮助学校优化研究方向并加速科研成果的转化。学校与企业还能通过共建实验室、联合培养人才等方式，进一步深化产学研融合。校企深度融合能够提升学校的科研水平和教育质量，也能够增强企业的创新能力和市场竞争力。

2. 增强学生实践能力

校企合作能够为学生提供宝贵的实习、实训和创业机会，帮助他们将课堂所学的理论知识应用于实际问题的解决，从而显著增强他们的实践能力。学生在真实的企业环境中参与技术研发、生产管理和市场推广等工作，不仅能加深对专业知识的理解，还有助于掌握实际操作技能。这种实践经验的积累不仅提高了学生的综合素质，还为他们未来的职业发展和创业成功奠定了坚实基础。校企合作还能通过设立实训基地和创业孵化平台，为学生提供更多实践和创业的机会。学校可通过校企合作平台，为学生创业项目提供资金、技术和市场资源支持，助力学生将创意转化为现实。

3. 推动资源整合与共享

校企合作在推动资源整合与共享方面发挥了重要作用，通过整合学校和企业的优势资源，实现互补共赢。学校通常拥有丰富的人才储备和科研能力，而企业具备资金、市场和实践经验。双方的合作能够有效弥补各自的短板，共同推动创新创业项目的发展。校企合作通过共建实验室、研发中心和孵化平台，进一步推动了资源的共享与优化配置。资源整合不仅能提高创新创业项目的成功率，还能促进区域经济的协同发展。

通过校企合作，苏州形成了以学校为创新源头、企业为市场主体的良性循环，推动产业链和创新链的深度融合。

三、政策支持与校企合作的协同效应

1. 政策支持引导校企合作

政策支持在校企合作中起到了关键的引导作用，为合作提供了明确的框架和强大的动力。政府通过设立专项基金、税收优惠和补贴政策，鼓励企业与学校携手开展技术研发和创新创业项目。苏州市政府为校企合作项目提供资金支持，极大地降低了企业的研发成本和风险。同时，政府还通过税收减免政策，对参与校企合作的企业给予所得税优惠，进一步激发了企业的积极性。政策支持通过搭建合作平台和优化服务机制，推动校企合作的深入开展。这种政策引导不仅提高了校企合作的效率，还推动了更多优质项目的落地。

2. 校企合作放大政策效果

校企合作在放大政策效果方面发挥了重要作用。将政府提供的政策资源与学校和企业的实际需求相结合，能够更精准地匹配到有潜力的创新创业项目，从而提高资源利用效率。政府提供的创业补贴和孵化支持通过校企合作平台，能够直接惠及具有创新潜力的学生团队和初创企业。校企合作还能够通过资源整合和优势互补，进一步放大政策效果。政府提供的税收优惠和研发补贴通过校企合作，能够更高效地应用于技术研发和成果转化。2024 年，苏州某高科技企业与高校合作的“工业互联网平台项目”，在政策支持下成功开发出具有自主知识产权的核心技术，并实现了商业化应用。这种合作不仅放大了政策支持的效果，还推动了区域经济的创新发展。

3. 共同推动区域经济发展

政策支持与校企合作的紧密结合，能够形成强大的协同效应，共同推动区域经济的创新发展。苏州通过政策支持和校企合作，成功打造了以电子信息、生物医药和智能制造为主导的产业集群，成为全国创新创业的高地。根据苏州市统计局公布的数据，2024 年苏州电子信息行业实现产值 14 312.5 亿元，比上年增长 9.2%，对规上工业产值增长贡献率达 57.7%，在苏州经济发展中发挥着重要作用，是区域经济增长的重要引擎。在生物医药领域，苏州通过政策支持和校企合作，推动了科研成果的快速转化和应用。例如，苏州生物医药产业园与本地高校合作开展的新药研发项目，在政策支持下成功获得临床试验批准，并实现了商业化生产。在智能制造领域，苏州通过政策引导和校企合作，推动了传统制造业向智能化、绿色化方向转型。

政策支持和校企合作在创新创业中具有不可替代的地位。政策支持为创新创业提供了基础保障和方向引导，而校企合作通过资源整合和实践赋能，推动了创新创业项目的落地和发展。两者的协同作用不仅能够激发创新创业活力，还能推动区域经济的高质量发展。未来，苏州应继续加强政策支持和校企合作的深度融合，打造更具竞争力的创新创业生态系统。

2.3 苏州高等职业技术学校创新创业资源概述

苏州高等职业技术学校（简称“苏高职”）作为一所专注于培养高素质技术技能人才的高职院校，近年来在创新创业教育方面取得了显著成效。苏高职对接地方政府的创新创业扶持政策，和本地企业深度合作，整合校内外资源，构建了完善的创新创业支持体系，为学生提供了丰富的创新创业机会和平台。

一、创新创业教育体系

1. 课程与培训

苏高职高度重视创新创业教育，通过系统化的课程与培训体系，为学生提供了全面的创新创业知识储备和实践能力培养。开设了多门创新创业相关课程，涵盖创业基础、商业模式设计、市场营销、财务管理等内容，帮助学生从理论到实践全面掌握创新创业的核心技能。例如，在“创业基础”课程中，学生可以学习如何识别市场机会、制订商业计划；在“商业模式设计”课程中，学生可以通过案例分析掌握如何构建可持续的商业模式。苏高职还注重实践教学，通过模拟创业项目和团队合作，增强学生的实际操作能力。

苏高职定期举办创新创业讲座、工作坊和培训活动，邀请成功企业家、行业专家和优秀校友作为主讲人，分享他们的创业经验和洞察视角。例如，2024 年苏高职举办的“创新创业大讲堂”系列活动，吸引了超过 500 名学生参与，内容涵盖人工智能、绿色经济、文化创意等热门领域。通过这些活动，学生不仅能够了解行业前沿动态，还能与业界精英建立联系，为未来的创业之路积累资源。

2. 导师团队

苏高职组建了一支多元化的创新创业导师团队，由校内教师、企业导师和创业成功校友共同组成，为学生提供全方位的指导和支持。校内教师主要负责理论指导和课程教学，帮助学生夯实创新创业的基础知识；企业导师来自苏州本地的高科技企业、制造业和服务业，他们通过分享行业经验等，帮助学生了解实际商业环境；创业成功校友则以其亲身经历为学生提供实践建议，激励学生勇敢尝试和探索。

导师团队不仅为学生提供一对一的创业指导，还帮助学生完善创业计划，从市场调研、商业模式设计到财务规划，提供全方位的支持。导师团队积极为学生对接行业资源，包括供应链、投融资渠道和市场推广机会等，帮助学生将创业想法落地。对于有潜力的项目，导师团队还会推荐其进入学校的孵化基地或外部创业平台，进一步推动项目孵化和发展。通过导师团队的指导，学生不仅能够增强创新创业能力，还能与行业建立紧密联系，为未来的职业发展或创业之路奠定坚实基础。

二、创新创业实践平台

1. 校内孵化基地

苏高职高度重视对学生创新创业实践能力的培养，为此专门设立了校内创新创业孵化基地，为学生提供免费的办公场地、基础设施和创业服务。孵化基地配备了现代化的会议室、路演厅和共享办公空间，为学生团队提供良好的创业环境。2024 年，孵化基地累计入驻项目超过 50 个，涵盖智能制造、文化创意、电子商务等多个领域。基地还定期举办创业沙龙和项目路演活动，邀请投资人和行业专家为学生项目提供指导，进一步增强项目的可行性和市场竞争力。

2. 校企合作项目

苏高职与苏州本地企业建立了紧密的合作关系，通过校企合作项目为学生提供丰富的实践机会。苏高职与苏州高新区的高科技企业合作，开展技术研发和产品创新项目，帮助学生将理论知识应用于实际问题的解决。苏高职与苏州本地制造业企业合作，开展智能制造和工业互联网项目，帮助学生掌握前沿技术并应用于实际生产场景。通过这些校企合作项目，学生不仅能够增强实践能力，还能深入了解行业需求，为未来的职业发展或创业积累宝贵经验。

三、创新创业竞赛与活动

1. 创新创业大赛

苏高职每年举办校级创新创业大赛，旨在激发学生的创新思维和创业热情。大赛鼓励学生团队提交创业计划书，并通过展演向评委和观众阐述项目的商业模式、市场前景和技术创新点。优秀项目有机会被推荐参加市级、省级乃至国家级创新创业大赛，进一步提升项目的知名度和影响力。2024 年，苏高职有 3 个项目在省级大赛中获奖，展现了学生卓越的创新能力。苏高职为参赛团队提供了全方位的支持：组织创新创业导师团队对项目进行指导，帮助学生完善商业计划书和演讲材料；邀请企业家、投资人和行业专家为学生提供专业的反馈和建议；提供孵化基地入驻、资金支持和资源对接等服务，推动项目从创意走向落地。创新创业大赛不仅成为学生展示才华的舞台，还成为连接学生与市场、资本和行业资源的桥梁。

2. 创业沙龙与论坛

苏高职定期举办创业沙龙和论坛，为学生搭建了一个与成功创业者、投资人和行业专家面对面交流的平台。活动内容涵盖创业经验分享、行业趋势分析、市场机会挖掘等。通过活动，学生不仅能够了解行业前沿动态，还能学习到创业者的实战经验，吸取其失败教训，从而更好地规划自己的创业路径。创业沙龙和论坛还为学生提供了与业界精英建立联系的机会。许多学生通过活动结识了潜在的合作伙伴、导师甚至投资人，为未来的创业之路积累了宝贵的资源。

四、政策支持

苏高职高度重视学生创新创业的支持工作，积极对接地方政府和企业的创新创业扶持政策，为学生提供全方位的资源支持。通过政策宣讲会、专题讲座等方式，帮助学生了解并申请创业补贴、税收优惠和低息贷款等政策资源。为学生提供税务筹划和财务管理的培训，帮助他们更好地利用税收优惠政策，降低创业成本。与苏州工业园区和苏州高新区建立紧密的合作关系，为学生创业项目提供政策咨询和资源对接服务。

五、校外资源与合作

苏高职与苏州工业园区、苏州高新区等产业园区建立了深度合作关系，为学生提供了丰富的实习、就业和创业机会。这些产业园区不仅是苏州经济发展的核心引擎，也是高新技术企业和创新资源的集聚地。苏高职通过与产业园区的合作，为学生搭建了从理论学习到实践应用的桥梁。学生可以参与园区的技术研发、产品设计和市场推广等工作，将课堂所学应用于实际问题的解决。2024 年，苏高职与苏州工业园区合作设立了“智能制造创新实践基地”，为学生提供了智能制造领域的实习和创业机会。还定期组织学生参观产业园区，了解行业前沿动态和企业需求，帮助学生更好地规划职业发展路径。通过这些合作，学生不仅能够增强实践能力，还能积累行业资源，为未来的创新创业奠定坚实基础。

六、未来发展方向

苏高职计划进一步深化与企业的合作，推动产教融合，将创新创业教育全面融入专业课程，培养更多具有实践能力和创新精神的高素质技术技能人才。通过与苏州工业园区、苏州高新区等产业园区以及本地龙头企业合作，共同开发课程和实训项目，确保教学内容与行业需求紧密对接。学校还计划引入企业导师进课堂，邀请行业专家参与课程设计和教学，确保学生能够掌握最新的行业知识和技能。近年来苏高职新增多个产教融合实训基地，覆盖智能制造、电子信息、文化创意等领域，为学生提供了更多实践机会。通过这些举措，学校希望培养更多既懂理论又擅长实践的高素质人才，为区域经济发展提供有力支撑。

苏高职将加强与国外高校和企业的合作，引入国际先进的创新创业教育模式，为学生提供更多国际化的发展机会，培养具有全球竞争力的创新型人才，助力学生在国际舞台上实现更大的发展。

苏高职通过构建完善的创新创业教育体系、搭建多元化的实践平台、提供资金和政策支持，为学生提供了丰富的创新创业资源。未来，苏高职将继续优化资源配置，推动创新创业教育与实践的深度融合，为区域经济发展培养更多创新型人才。

第三章 创新创业教育与人才培养

创新教育是培养创新人才的重要手段，其核心价值取向是培育创新精神和创新能力。创业教育是以培养创新精神和创业能力为基础，进一步激发学生创业兴趣、提升创业技能、培育创业意识的教育。在某种程度上，创业教育可以被视为创新教育的一种实践方式。通过创新创业教育，学生可以体验创新，激发创新热情，培养创新能力。

苏州高等职业技术学校尝试构建“创新创业+”的人才培养模式，将创新创业理念深度融入传统的人才培养模式中，通过课堂教学、实验实训、课外活动等多种形式开展相关教育。这不仅有助于培养学生的创新思维和创业能力，还能增强他们的自我实现能力和社会适应性，以适应我国经济新常态下对人才培养的需求。

3.1 创新创业教育的目标与定位

创新创业教育本质上是一种实用教育，应建立在适应时代发展的需要之上，培养具有创新能力和企业家精神的青年人才，使他们能够为社会创造新的就业岗位，有效促进社会经济的持续发展，增强经济活力。从更广泛的角度来看，创新创业教育不仅是解决就业问题的一种途径，也是推动社会创新、促进经济转型升级的重要力量。因此，它应被视为教育体系中的重要组成部分，贯穿于各个教育阶段，为培养未来的创新型人才和创业者提供有力支持。

苏州高等职业技术学校将创新创业纳入人才培养体系，目标与定位清晰、明确，旨在通过全面、系统的教育培养苏州地区具有创新精神和创业能力的人才，为社会的持续发展和进步贡献力量。

一、创新创业教育的目标

创新创业教育的目标主要包括以下几个方面。

1. 培养创新思维与创业精神

创新创业教育首要且核心的目标是培养学生的创新思维与创业精神。这需要激发学生的创造力与想象力，使他们能够跳出传统思维模式，从不同角度审视和解决问题。同时，需要引导学生敢于挑战现状，勇于追求创新，培养不畏失败、敢于冒险的创业精神。

2. 增强创业能力与技能

除了创新思维与创业精神外，创新创业教育还着重增强学生的创业能力与技能，这包括市场分析、商业计划撰写、财务管理、团队协作、领导力以及项目管理等多方面的能力。通过系统的课程与实践，学生能够掌握创业所需的知识与技能，为其未来的创业实践打下坚实基础。

3. 增加实践经验与增强实际操作能力

创新创业教育强调实践与操作，通过项目实践、实习实训、创新创业竞赛等活动，让学生在实际操作中学习和成长。这不仅能够增加学生的实践经验，还能帮助他们将理论知识转化为实际操作技能，为未来的创业实践提供有力支持。

4. 培养团队协作与领导力

在创新创业过程中，团队协作与领导力至关重要。创新创业教育通过团队项目、模拟创业等方式，培养学生的团队协作精神和领导力。这包括在团队中有效沟通、协作的能力，还包括领导团队、激励团队成员的能力。

5. 培育企业家精神与社会责任感

创新创业教育要培育学生的企业家精神，鼓励他们敢于冒险、勇于尝试，即使失败也能从中吸取教训，不断学习和进步。同时，创新创业教育还要强调社会责任和价值导向，鼓励学生将创新和创业用于解决社会问题，实现社会价值和可持续发展。

6. 推动经济发展与社会进步

从更宏观的角度看，创新创业教育的目标是培养具有创新精神和创业能力的人才，以推动经济发展和社会进步。通过创新创业教育，学生可能成为创新创业的主力军，为社会创造更多的就业机会和经济增长点，推动经济的转型升级和可持续发展。

知识分享

“智企管家”企业管理软件创业规划书

一、项目背景与目标

随着信息技术的迅猛发展，互联网、大数据、人工智能等领域展现出巨大的市场潜力和发展前景。作为苏州高等职业技术学校信息技术专业的学生，我们拥有扎实的专业知识和敏锐的市场洞察力，计划依托自身技术优势，进军信息技术（IT）行业，开发一款具有市场前景的创新产品，并以此为契机，实现个人创业梦想。

我们的创业目标是打造一款名为“智企管家”的企业管理软件。该软件将集成办公自动化（OA）、客户关系管理（CRM）、企业资源计划（ERP）管理等功能，旨在帮助中小企业实现信息化管理，提升运营效率，降低运营成本。

二、市场分析

1. 市场需求：随着互联网的普及和企业信息化的推进，市场对高效、便捷的IT解决方案需求日益旺盛。特别是在中小型企业领域，由于资金和技术的限制，他们对性价比高的IT服务有着迫切需求。

2. 竞争态势：当前IT市场竞争激烈，但主要集中在大型企业和高端市场。中小型企业市场，虽然已有部分企业涉足，但仍存在较大的市场空白和增长空间。

3. 目标客户：我们的目标客户主要为中小型企业，特别是那些急需提升信息化水平但又缺乏足够资金和技术支持的中小型企业。

三、产品与服务

1. 产品介绍："智企管家"企业管理软件集成了多种企业管理功能，旨在为企业提供一站式信息化管理解决方案。

2. 服务内容：除了软件产品外，我们还提供包括软件定制开发、技术支持、培训服务等在内的全方位服务，以确保客户能够顺利使用我们的产品。

四、营销策略

1. 市场定位：明确以中小企业为主要目标市场，针对其痛点提供解决方案。

2. 推广策略：通过线上线下相结合的方式进行推广。在线上，利用社交媒体、行业论坛、搜索引擎优化等手段进行推广；在线下，通过参加行业展会、举办产品发布会、与行业协会合作等进行推广。

3. 价格策略：采用灵活的定价策略，根据客户规模和需求提供不同的套餐选择，确保产品具有较高的性价比。

五、团队介绍

我们的团队成员均具备扎实的专业知识和丰富的实践经验，拥有较强的技术实力和市场洞察力。成员之间配合默契，能够高效应对各种挑战。

六、财务预测与资金筹措

1. 启动资金：预计项目启动资金为 20 万元，主要用于产品研发、市场推广、团队建设等方面。

2. 收入预测：根据市场调研和产品定价，预计第一年实现销售收入 15 万元，第二年达到 30 万元，第三年突破 45 万元。

3. 资金筹措：计划通过自筹资金、申请政府创业扶持资金、寻求风险投资等方式筹集启动资金。

七、风险评估与应对措施

1. 技术风险：技术更新迭代快，可能导致产品迅速落后。应对措施：持续投入研发，保持技术领先。

2. 市场风险：市场竞争激烈，客户需求多变。应对措施：密切关注市场动态，灵活调整产品和服务策略。

3. 财务风险：资金链断裂风险。应对措施：合理规划资金使用，积极寻求外部融资。

4. 团队风险：核心成员流失。应对措施：建立完善的激励机制，营造良好的团队氛围。

八、结论

本创业规划书详细阐述了我们在 IT 行业的创业构想和实施策略。我们坚信，凭借团队的专业能力、创新精神和市场洞察力，一定能够在激烈的市场竞争中脱颖而出，实现创业梦想。我们期待与各位投资者和合作伙伴携手共进，共创美好未来。

思维碰撞：请你从完整性、可行性、独特性、经济效益、市场前景、资金筹措方案这六个角度对这份创业计划书进行评价。

____
____
____
____
____
____
____
____

二、创新创业教育的定位

创新创业教育涵盖了教育理念、培养目标、实施方式以及社会功能等多个层面。创新创业教育旨在通过创新的教育理念、人才培养模式等，培养出具有创新创业精神和实践能力的人才，为社会经济的持续发展和进步做出贡献。它不仅是现代教育的重要组成部分，也是培养具有创新精神、创业意识和创业能力的复合型人才的重要途径。通过灵活多样的实施方式和积极的社会功能，创新创业教育能够为社会经济的发展和进步做出重要贡献。

1. 教育理念层面

创新创业教育是现代教育的重要组成部分，它强调培养学生的创新精神、创业意识和创业能力。这种教育理念注重学生的全面发展，不仅关注学生的学习成果，也重视学生的实践能力、创新思维和解决问题的能力。创新创业教育让学生能够在实践中学习，将理论知识与实践相结合，从而培养出具有创新精神和实践能力的高素质人才。

2. 培养目标层面

创新创业教育的目标是培养具有创新精神、创业意识和创业能力的复合型人才。这些人才不仅具备扎实的专业知识，还具备敏锐的市场洞察力、良好的团队协作能力和较强的领导力，他们能够在复杂多变的市场环境中发现机会、把握机会，并勇于尝试和创新，从而推动社会经济的发展和进步。

3. 实施方式层面

创新创业教育的实施方式灵活多样，包括课堂教学、实践教学、校企合作等多种形式。课堂教学注重理论知识的传授和创新思维的培养；实践教学通过模拟创业、项目实践等方式，让学生在实践中学习和成长；校企合作为学生提供更多的实践机会和资源，使他们更好地了解市场需求和行业动态。

4. 社会功能层面

创新创业教育不仅对学生的个人发展具有重要意义，还对社会经济的发展和进步具有积极的推动作用。创新创业教育能够培养出更多的创新创业人才，为社会的经济发展注入新的活力和动力。同时，创新创业教育还能够推动产业升级和转型，促进经济的可持续发展。

知识分享

金卓彦的电商创业之路

金卓彦毕业于苏州高等职业技术学校电子商务专业。在校期间，他并未满足于书本知识，而是积极寻求实践机会。2013 年，还在读五年制高职三年级的他，为了赚取一些零花钱，决定应聘淘宝客服。这一决定，悄然成了他人生的重要转折点。

起初，金卓彦只是在一个主营小型宠物买卖的淘宝店铺做客服。然而，凭借电子商务的专业背景和敏锐的市场洞察力，他很快发现了电商行业的巨大潜力。在积累了一定的经验和资源后，他开始尝试自主创业。经过几年的努力，如今他已经拥有了属于自己的几家企业，企业现金流达到了 3 700 万元。

分析金卓彦的案例，我们可以对创新创业教育的定位有更加立体的理解。

1. 对接学生特点与行业需求：苏州高等职业技术学校的创新创业教育紧密对接了学生的特点和行业的需求。金卓彦的案例充分展示了学校如何鼓励学生将所学专业知识与实践相结合，通过实践来深化对专业知识的理解，并培养创新创业能力。

2. 完善创新创业人才培养机制：苏州高等职业技术学校通过完善的创新创业人才培养机制，为学生提供了丰富的实践机会和创业指导。这有助于像金卓彦一样的学生，在创业过程中迅速适应市场变化，抓住机遇，实现个人价值。

3. 健全创新创业教育课程体系：除了专业课程外，苏州高等职业技术学校还开设了创新创业教育课程，旨在培养学生的创新思维、创业精神和团队协作能力。这些课程为金卓彦等学生提供了宝贵的创业知识和经验，帮助他们在创业道路上少走弯路。

4. 建设创新创业实践基地：苏州高等职业技术学校积极建设创新创业实践基地，为学生提供真实的创业环境和资源支持。金卓彦在创业初期，受益于在实践基地的经历，得以快速适应商业环境，锻炼自己的创业能力。

5. 促进创新创业教育与专业教育的有机结合：苏州高等职业技术学校注重将创新创业教育与专业教育有机结合，使学生在培养专业技能的过程中也能培养创新创业能力。金卓彦的电商创业之路，正是他电子商务专业知识与创新创业能力相结合的产物。

苏州高等职业技术学校通过精准定位创新创业教育，为学生提供了丰富的实践机会、完善的课程体系和资源支持，培养了一批像金卓彦这样具有创新创业精神的优秀人才。这些人才不仅实现了个人价值，也为社会经济发展做出了积极贡献。

3.2 创新创业课程体系构建与实施

在高等职业教育体系中，创新创业课程的构建与实施是培养学生创新精神和创业能力的关键环节。构建一个实践导向、注重能力培养的创新创业课程体系，需要学校从理论基础构建、实践技能训练、跨学科融合、创业生态系统建设等多个方面入手，具体内容应涵盖普及课程、专业课程、实践课程、融合课程、拓展课程以及实践教学平台等多个层面。

一、普及课程

创新创业课程体系中的普及课程面向全体学生，旨在培养学生创新创业意识，激发学生创新创业动力。

1. 课程目标

普及课程的核心目标是让每一位学生都能对创新创业有基本的了解和认识，激发他们对创新创业的兴趣和热情。通过课程学习，学生能够掌握创新创业的基本概念、原理和流程，理解创新创业对个人成长和社会发展的意义。

2. 课程内容

① 创新创业导论：介绍创新创业的基本概念、发展历程和重要性，阐述创新创业在推动经济增长、社会进步和个人成长方面的作用。

② 创新思维培养：通过案例分析、团队讨论等形式，引导学生突破传统思维框架，培养创新思维和解决问题的能力。介绍常用的创新方法，如头脑风暴、思维导图等。

③ 创业机会识别：教授学生如何识别和分析市场机会，了解市场需求和趋势，为未来的创业活动打下基础。

④ 创业精神与家国情怀：讲解创业精神（包括冒险精神、团队合作精神等）的重要性，并强调创业者对家国发展的责任和贡献。

⑤ 成功案例分享：分享国内外成功的创新创业案例，分析成功背后的因素和经验，为学生提供学习和借鉴的榜样。

3. 教学方式

普及课程应采用灵活多样的教学方式，以适应不同学生的学习需求和兴趣。

① 课堂讲授：教师通过讲解和演示，向学生传授创新创业的基本知识和理论。

② 小组讨论：组织学生分组讨论相关话题，鼓励学生发表自己的观点和看法，培养他们的团队协作和沟通能力。

③ 案例分析：选取典型的创新创业案例进行分析，引导学生深入思考和创新思考。

④ 实践体验：通过模拟创业、创业计划大赛等活动，让学生亲身体验创新创业的过程和挑战。

4. 评估与反馈

为了了解学生的学习情况和课程效果，教师需要进行定期的评估和反馈收集。评估方式可以包括课堂测试、作业、小组讨论表现等。同时，鼓励学生提出对课程的意见和建议，以便不断改进和完善课程内容与教学方式。

知识分享

苏州高等职业技术学校“职业生涯规划与就业创业”课程

【课程目标】培养学生的创新思维，帮助学生掌握创新方法，增强解决问题的能力。

【课程内容】

1. 介绍创新思维的概念、特点及其重要性。
2. 讲解常见的创新方法，如头脑风暴、六顶思考帽、萃智（TRIZ）理论等。
3. 通过案例分析，让学生理解创新方法在实际问题中的应用。
4. 组织小组讨论和实践活动，鼓励学生运用创新方法解决实际问题。

【教学方式】理论讲授与小组讨论、案例分析、实践活动相结合。

创新创业普及课程在创新创业课程体系中扮演着至关重要的角色。通过系统地学习和实践，学生能够逐步建立起对创新创业的全面认识和深刻理解，为未来的创业活动奠定坚实的基础。

二、专业课程

创新创业课程体系中的专业课程是针对有较强创新创业意愿和潜质的学生设计的，旨在进一步提高其创新创业相关的专业素养。

1. 核心课程

① 创业管理：内容涵盖创业企业的战略规划、组织管理、市场营销、财务管理等方面，目标是使学生掌握创业企业的基本管理知识和技能。

② 创新运营实践：强调创新思维在运营管理中的应用，包括流程优化、效率提升、成本控制等。通过案例分析、模拟运营等方式，让学生体验创新运营的实践过程。

③ 商业模式创新：教授学生如何识别和开发新的商业模式，以适应市场变化和消费者需求，包括商业模式的构成要素、设计原则、评估方法等。

2. 专业技能课程

① 产品开发与管理：涵盖从产品概念设计到市场投放的全过程管理。教授学生如何进行市场调研、需求分析、产品设计、测试验证等。

② 市场营销策略：介绍市场营销的基本原理和策略，包括市场细分、目标市场选择、定位、推广等。通过案例分析，让学生理解不同市场环境下的营销策略选择。

③ 财务管理与融资：教授学生基本的财务管理知识，包括财务报表分析、成本控制、预算管理等。同时，介绍不同的融资方式，如天使投资、风险投资、私募

股权等，并指导学生制订融资计划。

3. 法律法规与社会责任课程

① 创业法律法规：介绍与创业相关的法律法规，如公司法、合同法、知识产权法等，帮助学生了解创业过程中可能遇到的法律问题，并学会如何规避法律风险。

② 商业伦理与社会责任：强调商业伦理的重要性，引导学生树立正确的商业道德观，了解和掌握企业在追求经济效益的同时，如何履行社会责任和可持续发展。

知识分享

苏州高等职业技术学校“商业模式创新”课程

【课程目标】帮助学生理解商业模式的概念，掌握商业模式创新的方法。

【课程内容】

1. 介绍商业模式的基本概念及其构成要素。

2. 分析不同行业的商业模式特点及其创新趋势。

3. 讲解商业模式创新的方法，如价值主张创新、渠道创新、客户细分创新等。

4. 组织学生进行商业模式创新实践，鼓励他们提出具有创新性的商业模式方案。

【教学方式】理论讲授与案例分析、小组讨论、商业计划书撰写相结合。

创新创业专业课程旨在培养学生的创新思维、创业精神和专业技能。通过系统学习和实践锻炼，学生能够掌握创业管理、产品开发、市场营销、财务管理等方面的知识和技能，为未来的创业活动打下坚实基础。

三、实践课程

实践课程是创新创业课程体系中至关重要的一环，它强调将理论知识应用于实际操作中，以培养学生的实践能力和创新精神。

1. 课程目标

实践课程的主要目标是让学生在模拟或真实的创业环境中，通过亲身参与和体验，深化对创新创业的理解，增强解决实际问题的能力，并培养团队合作、沟通协调等综合素质。

2. 课程内容

① 市场调研实践：教授学生如何进行市场调研，包括确定调研目标、设计调研问卷、收集和分析数据等。学生需完成一份市场调研报告，为后续的创业项目提供市场依据。

② 商业计划书撰写与路演：指导学生撰写商业计划书，明确创业项目的商业模式、市场定位、营销策略等。组织路演活动，让学生模拟向投资者展示商业计划，锻炼表达和沟通能力。

③ 创业模拟实训：通过创业模拟软件或沙盘推演等方式，让学生在模拟环境

中体验创业的全过程（包括团队组建、产品开发、市场营销、财务管理等环节），让学生在实际操作中感受创业的艰辛与乐趣。

④ 创新创业项目实践：鼓励学生参与真实的创新创业项目，如校园创业大赛、社会企业创办等，帮助学生将创意转化为实际成果。

⑤ 社会实践与志愿服务：结合社会实践和志愿服务活动，引导学生关注社会问题，从中发现创新创业机会。通过社区服务、公益项目等，培养学生的社会责任感和创新创业意识。

3. 教学方式

① 案例分析：选取典型的创新创业案例进行分析，让学生了解成功和失败的经验教训。

② 小组讨论：组织学生分组讨论相关话题，鼓励学生发表自己的观点和看法，培养他们的团队协作和沟通能力。

③ 角色扮演：通过角色扮演的方式，让学生在模拟环境中体验不同的创业角色和职责。

④ 导师指导：邀请具有丰富创业经验的导师进行一对一或小组指导，帮助学生解决创业过程中遇到的问题。

4. 评估与反馈

① 项目评估：对学生的创新创业项目进行定期评估，包括评估项目的进展、成果、创新性等方面。

② 学生反馈：鼓励学生提出对实践课程的意见和建议，以便不断改进和完善课程内容与教学方式。

③ 成果展示：组织成果展示会或创业大赛等活动，让学生展示自己的创新创业成果，并接受评委和观众的点评和建议。

知识分享

苏州高等职业技术学校“智能制造创新实践项目”课程

【课程内容】该课程融合了机械、电子、信息技术等多个学科的知识，旨在通过智能制造创新项目的实践来培养学生的跨学科素养和创新能力。学生须参与项目的策划、设计、实施和评估等过程，通过实际操作来掌握智能制造的关键技术和方法。

【课程特色】课程强调团队协作和跨学科融合，鼓励学生发挥各自的专业优势，共同完成项目任务。

苏州高等职业技术学校“电子商务创业实践”课程

【课程内容】该课程面向电子商务专业的学生，旨在通过电子商务创业实践来培养学生的创业能力，提高学生的市场敏锐度。学生需学习电子商务平台的运营、网络营销策略、客户服务等内容，并尝试在校园内或线上开展电子商务创业项目。

【课程特色】课程注重理论与实践的结合，鼓励学生将所学知识应用于实际创业项目中，同时提供必要的指导和支持。

创新创业实践课程在培养学生的实践能力和创新精神方面发挥着重要作用。通过参与实践课程，学生能够更好地将理论知识应用于实际操作中，增强解决实际问题的能力，并为未来的创业活动打下坚实基础。

四、融合课程

创新创业课程体系中的融合课程是将不同学科或领域的知识进行有机整合，以培养学生的跨学科思维、创新能力和综合素质。

1. 课程意义

融合课程打破了传统学科之间的壁垒，促进了学科之间的交叉与融合。在创新创业教育中，融合课程能够帮助学生构建多元化的知识结构，拓宽视野，增强解决复杂问题的能力。同时，融合课程还有助于培养学生的创新思维和团队合作精神。

2. 课程内容

① 跨学科知识整合：将管理学、经济学、工学、文学等多个学科的知识进行有机融合，形成具有创新性的融合课程。例如，将市场营销与产品设计相结合，教授学生如何开发出具有市场竞争力的新产品；将财务管理与投资策略相结合，培养学生的投资分析和风险管理能力。

② 创新创业实践案例分析：选取典型的创新创业案例，进行深入剖析，让学生了解创业过程中的关键环节和成功经验。通过案例分析，引导学生思考如何在不同情境下运用跨学科知识解决实际问题。

③ 创新创业技能培养：开设创业计划书撰写、路演技巧、市场调研等实践性课程，提升学生的创业技能。结合模拟创业、创业竞赛等活动，让学生在实践中锻炼自己的创新创业能力。

3. 教学方式

① 项目式学习：以项目为驱动，引导学生围绕特定主题或问题进行跨学科的学习和实践。通过团队合作、角色扮演等方式，让学生在模拟或真实的创业环境中体验创业的全过程。

② 案例分析与讨论：选取典型的创新创业案例，组织学生进行深入剖析和讨论。鼓励学生发表自己的观点和看法，培养他们的批判性思维和团队协作能力。

③ 讲座与研讨会：邀请具有丰富创业经验的嘉宾举办讲座，分享他们的创业历程和成功经验。组织研讨会，让学生与嘉宾进行互动交流，深入了解创业过程中的关键环节和挑战。

4. 评估与反馈

① 课程评估：通过考试、作业、项目报告等方式对学生的学习成果进行评估。关注学生在跨学科知识整合、创新创业技能培养等方面的表现。

② 学生反馈：鼓励学生提出对融合课程的意见和建议，以便不断改进和完善课程内容与教学方式。通过问卷调查、座谈会等方式收集学生的反馈意见，为课程改进提供依据。

知识分享

苏州高等职业技术学校“图形创意”课程

【课程背景】“图形创意”是数字媒体设计专业的核心课程，旨在通过创意性的图形设计训练，增强学生的艺术审美能力和创新设计能力。

【课程内容】

1. 图案组织与创新应用：学生需学习如何运用简化、概括、夸张、变形等手法处理植物、动物、风景等素材，并将其组织成单独纹样、适合纹样等形式。这些设计不限于纸面，还可以被应用于实际的文创产品，如杯垫、折扇、胸针等。

2. 旧物改造：结合传统图案设计，学生对废旧石膏像等进行改造，使其变成有个性、有创意的装饰品。这一过程不仅可以锻炼学生的设计能力，还可以培养他们的环保意识和动手能力。

【课程成果】课程结束后，学生在校园内进行优秀作品展示，展现他们的创新思维和实践能力。

创新创业融合课程在培养学生的跨学科思维、创新能力和综合素质方面发挥着重要作用。通过融合不同学科的知识和技能，学生能够更好地适应复杂多变的创业环境，为未来的创业活动打下坚实基础。

五、拓展课程

创新创业课程体系中的拓展课程旨在进一步拓宽学生的知识视野，增强其创新创业的实践能力和综合素质。这些课程通常是根据市场需求和学生的兴趣、专业背景进行设计的。

1. 课程目的

① 深化专业知识：拓展课程有助于学生更深入地了解某一专业领域内的创新创业知识，为未来的创业活动打下更坚实的专业基础。

② 增强实践能力：拓展课程注重实践操作和案例分析，旨在增强学生的创新创业实践能力，使其能够更好地应对创业过程中的各种挑战。

③ 培养综合素质：拓展课程还注重培养学生的创新思维、团队协作能力、市场敏感度等综合素质，为其成为成功的创业者打下坚实基础。

2. 课程内容

① 专业领域拓展：针对特定专业领域（如信息技术、生物科技、文化创意等）开设拓展课程，深入讲解该领域内的创新创业知识、技术趋势和市场前景。

② 创新创业技能培训：开设创业计划书撰写、市场调研、财务管理、营销策略等技能培训课程，提升学生的创业技能水平。

③ 创业实践项目：组织学生参与创业实践项目，如校园创业大赛、创业孵化器等，让学生在实践中锻炼自己的创新创业能力。

④ 跨学科融合课程：开设跨学科融合课程，如“创新创业与心理学”“创新创业与法律知识”等，帮助学生构建多元化的知识结构，增强解决复杂问题的能力。

3. 教学方式

① 案例教学：通过剖析真实的创业案例，让学生了解创业过程中的关键环节和经验，同时重点分析失败案例的原因和教训。

② 实践操作：注重实践操作环节，如市场调研、产品设计、营销策划等，让学生在实践中学习和掌握创业技能。

③ 团队合作：鼓励学生组成团队进行项目合作，培养学生的团队协作精神和沟通能力。

④ 导师指导：邀请具有丰富创业经验的导师进行一对一或小组指导，为学生提供个性化的创业指导和建议。

4. 评估与反馈

① 课程评估：通过考试、作业、项目报告等方式对学生的学习成果进行评估，关注学生在专业知识掌握、创业技能提升等方面的表现。

② 学生反馈：鼓励学生提出对拓展课程的意见和建议，以便不断改进和完善课程内容与教学方式。同时，通过问卷调查、座谈会等方式收集学生的反馈意见，为课程改进提供依据。

创新创业课程体系中的拓展课程在培养学生的专业知识、实践能力和综合素质方面发挥着重要作用。通过多样化的课程内容、灵活的教学方式以及有效的评估与反馈机制，可以帮助学生更好地适应创业环境，提升创业成功率。

六、实践教学平台

创新创业课程体系中的实践教学平台是培养学生创新创业能力的重要载体。

1. 实践教学平台的意义

实践教学平台通过模拟真实创业环境或提供实际操作机会，让学生在实践中学习、体验和创新，从而培养其创业素质和实践能力。它打破了传统课堂教学的局限，使学生能够更直观地了解创业过程，增强解决实际问题的能力。

2. 实践教学平台的功能

① 提供实践机会：为学生提供参与创业项目的机会，让他们在实践中锻炼自己的创新创业能力。

② 模拟创业环境：通过模拟真实的创业环境和流程，帮助学生了解创业的全过程，包括市场调研、项目策划、团队协作、风险控制等。

③ 资源整合与共享：整合校内外资源，包括教师资源、校友企业家资源、实验设备资源等，实现资源共享，为学生提供全方位的创业支持。

④ 创业指导与咨询：邀请具有丰富创业经验的导师为学生提供创业指导和咨询服务，帮助他们解决创业过程中遇到的问题。

3. 实践教学平台的构建

① 课程体系构建：结合创新创业教育的需求，构建面向多学科和多专业的创新创业实践课程体系。这些课程应注重理论与实践的结合，既传授创业理论知识，又提供实践操作的机会。

② 实践基地建设：建设校内创业孵化基地、校外实习基地等，为学生提供实

践平台。这些基地应配备先进的实验设备和网络资源，满足学生实践学习的需求。

③ 师资队伍组建：组建一支具有丰富创业经验和教学能力的师资队伍，为学生提供专业指导。这些教师应具备跨学科的知识背景和实践经验，能够为学生提供全面的创业指导。

④ 教学模式创新：采用项目式教学、案例教学、情景模拟等教学方法，增强学生的实践能力。同时，利用线上、线下相结合的教学模式，打破时间和空间的限制，为学生提供更加灵活的学习方式。

4. 实践教学平台的实施目标

① 增强学生创业能力：通过实践教学平台的训练，学生的创业能力（包括创新思维、团队协作能力、市场敏感度等）将会显著增强。

② 促进创业成果转化：实践教学平台为学生提供了将创业想法转化为实际成果的机会，有助于推动创业项目的孵化和商业化。

③ 加强校企合作：实践教学平台的建设有助于加强高校与企业之间的合作与交流，为学生提供更多实习、就业机会，同时推动产学研合作的发展。

创新创业课程体系中的实践教学平台是培养学生创新创业能力的重要平台。通过构建完善的实践教学体系、提供丰富的实践机会和资源支持、采用创新的教学模式和方法，可以有效增强学生的创业素质和实践能力，为未来的创业活动奠定坚实基础。

构建一个实践导向、注重能力培养的创新创业课程体系，需要学校从理论基础构建、实践技能训练、跨学科融合、创业生态系统建设等多个方面入手，并结合有效的实施策略，如师资团队建设、教学方法创新、评估与反馈机制建设、创业文化氛围营造以及持续跟踪与支持等。

3.3 创新创业人才培养案例分享

多年后，我就成了你

——信息工程系孙志伟同学的创新创业之路

苏州高等职业技术学校软件技术专业在创新创业人才培养方面，取得了突出的成效。下面是一个具体的案例分享。

一、案例背景

软件技术专业作为苏州高等职业技术学校的重要学科之一，一直致力培养具有创新思维和创业能力的高素质技术人才。近年来，随着信息技术的飞速发展和应用领域的不断拓展，软件技术专业的创新创业人才培养成为学校的重要任务。

二、典型案例

孙志伟，信息工程系2016届软件技术专业毕业生，在校期间就展现出了出色的专业技能和创新创业潜力。他积极参与各类技能大赛，多次获得省、市级比赛第一名，特别是2014年参加第三届“中国软件杯”大学生软件设计大赛，与众多高校的学生同台竞技，获得了一等奖的好成绩。

在学校的支持和引导下，孙志伟不仅注重专业技能的提升，还积极参与创新创业实践。他利用所学软件技术知识，结合市场需求，开发了一款具有创新性的软件产品，并成功推向市场。这款软件产品在功能、性能等方面都达到了行业领先水平，赢得了用户的广泛好评。

毕业后，孙志伟顺利考入金陵科技学院计算机科学与技术专业，继续深造。同时，他也保持着对创新创业的热情和追求，积极参与各类创新创业活动，为社会发展贡献自己的力量。现在，他已经入职江苏省吴中中等专业学校，成了一名人民教师。

三、培养措施与成效

1. 课程体系优化

学校软件技术专业注重课程体系的优化和更新，及时引入最新的软件技术和行业知识，确保学生能够掌握最前沿的专业技能。

2. 实践教学强化

学校加强实践教学环节，通过开放实验室、项目式学习、校企合作等方式，让学生在实践中掌握专业技能，增强创新创业能力。

3. 创新创业氛围营造

学校积极营造创新创业氛围，举办各类创新创业大赛、讲座等活动，激发学生的创新创业热情。同时，学校还设立创新创业基金，为有志创新创业的学生提供资金支持和技术指导。

4. 师资力量建设

学校注重师资力量的建设，引进了一批具有丰富实践经验和创新创业精神的优秀教师，为学生提供优质的教学和指导。

孙志伟的成功案例充分展示了苏州高等职业技术学校软件技术专业在创新创业人才培养方面的实力和成果。通过学校的精心培养和学生自身的努力，孙志伟将自己的创意和想法转化为实际的产品和服务，为社会创造价值，实现了个人成长和发展。这一案例也为其他学生树立了榜样，激发了他们投身创新创业的热情。

“炁”

——服装工程系毕业设计团队的创新创业之路

苏州高等职业技术学校服装与服饰设计技术专业在创新创业人才培养方面取得了突出的成果。下面是一个具体的案例分享。

一、案例背景

苏州高等职业技术学校服装与服饰设计技术专业，秉承“德技双馨，手脑并用”的校训，致力培养具有创新思维和创业能力的服装设计人才。在长三角区域一体化战略的背景下，学校不断创新教育模式，以适应经济社会对服装设计人才的需求。

二、典型案例

2019级服装与服饰设计专业的学生，在学校的精心培养和引导下，展现出了出色的创新创业能力。他们在毕业设计动态展上，以“炁”为主题，展示了18个系列的128套作品。这些作品主题鲜明、风格多样、设计理念新颖，具有观赏性的同时又具有实用性，突出了时代特征和文化传承需求。

其中，一个由学生团队设计的服装系列在市场上获得了很多的关注。该团队利用苏州本地的丝绸文化元素，结合现代设计理念，开发出了一款既具有传统韵味又符合现代审美的服装产品。他们不仅在学校的创业孵化基地进行了产品展示和销售，还积极联系企业，寻求合作机会。最终，该团队成功地将产品推向市场，并获得了消费者的广泛好评。

三、培养措施与成效

1. 课程体系改革

服装设计技术专业注重课程体系与实践教学的结合，开设了传统手工工艺、苏绣等具有地方特色的课程，以及现代服装设计、面料改造等前沿课程，以培养学生的创新思维和实践能力。

2. 实践教学强化

学校创建了实践工作室，让学生在教师的指导下进行实践操作，了解品牌成衣的比例、尺寸及结构设计的优缺点，为自己的结构设计、创意工艺等提供可靠依据。同时，学校还与企业合作，为学生提供实习和就业机会。

3. 创新创业氛围营造

学校积极营造创新创业氛围，举办各类创新创业大赛、讲座等活动，激发学生的创新创业热情。此外，学校还设立了创业孵化基地，为学生提供展示和销售产品的平台。

4. 师资力量保障

学校拥有一支具有丰富实践经验和创新创业精神的教师队伍，他们不仅为学生提供优质的教学和指导，还积极参与学生的创新创业项目，为学生提供宝贵的建议和支持。

该案例充分展示了苏州高等职业技术学校服装设计技术专业在创新创业人才培养方面的实力和成果。通过学校的精心培养和学生自身的努力，学生能够将自己的创意和想法转化为实际的产品和服务，为社会创造价值，实现个人成长和发展。这一案例也为其他学生树立了榜样，激发了他们投身创新创业的热情。

数字媒体艺术设计创业团队案例

——艺术设计系的创新创业之路

苏州高等职业技术学校数字媒体艺术设计技术专业在创新创业人才培养方面有着突出的成果。下面是一个具体的人才培养案例分享。

一、案例背景

数字媒体艺术设计技术专业作为学校的特色专业之一，致力培养具备艺术数字媒体制作、传输与处理的专业知识和技能，具有美术鉴赏能力和美术设计能力的高素质、创新型、应用型艺术人才。近年来，随着数字媒体技术的快速发展和应用领域的不断拓展，该专业在创新创业人才培养方面取得了明显成效。

二、典型案例

该团队由数字媒体艺术设计技术专业的学生组成。他们在校期间积极参与各类创新创业实践，积累了丰富的经验和技能。团队成员擅长手绘和电脑绘制商业插画、二维和三维动画制作技术，以及独立制作影视媒体等。

在学校的支持和引导下，该团队利用所学知识和技能，结合市场需求，开发了一款具有创新性的数字媒体产品。该产品以中国传统文化为主题，结合了现代设计元素，通过精美的画面和丰富的互动体验，赢得了用户的广泛好评。同时，该团队还积极寻求与企业的合作机会，将产品推向更广阔的市场。

在创业过程中，团队成员遇到了诸多挑战，如资金短缺、市场竞争激烈等，但他们凭借着坚定的信念和出色的能力，克服了一个又一个困难，最终取得了成功。该团队的创业经历不仅为他们带来了经济上的收益，还增强了他们的创新创业能力和团队协作能力。

三、培养措施与成效

1. 课程体系优化

学校注重数字媒体艺术设计技术专业课程体系的优化和更新，及时引入最新的数字媒体技术和行业知识，确保学生能够掌握最前沿的专业技能。

2. 实践教学强化

学校加强实践教学环节，通过项目式学习、校企合作等方式，让学生在实践中掌握专业技能，增强创新创业能力。例如，学生可以通过参与企业的真实项目，了解数字媒体产品的开发流程和市场需求。

3. 创新创业氛围营造

学校积极营造创新创业氛围，举办各类创新创业大赛、讲座等活动，激发学生的创新创业热情。同时，学校还设立了创新创业基金，为有志于创新创业的学生提供资金支持和技术指导。

4. 师资力量建设

学校注重师资力量的建设，引进了一批具有丰富实践经验和创新创业精神的优秀教师。他们不仅为学生提供优质的教学和指导，还积极参与学生的创新创业项目，为学生提供宝贵的建议和支持。

该案例展示了苏州高等职业技术学校数字媒体艺术设计技术专业在创新创业人才培养方面的成果。通过学校的精心培养和学生自身的努力，学生能够将自己的创意和想法转化为实际的产品和服务，为社会创造价值，实现个人成长和发展。这一案例也为其他学生树立了榜样，激发了他们投身创新创业的热情。

“缂丝+”文创产品开发案例

——经济贸易系电子商务专业的创新创业之路

一、案例背景

苏州高等职业技术学校电子商务专业致力于培养具备扎实电子商务理论知识和创新创业实践能力的高素质人才。在“互联网+”和“大众创业，万众创新”的新形势下，该专业不断创新教育模式，以适应经济社会对电子商务人才的需求。

二、典型案例

经济贸易系学生团队联合苏州缂丝非遗代表性传承人开发了“缂丝+”文创产品系列，将传统缂丝技艺与现代设计结合，推出缂丝首饰、家居用品等，获外观设计专利 5 项，相关产品入选苏州市文化广电和旅游局“伴手礼推荐名录”。建立非遗技艺传承工坊，培养年轻传承人 20 余人，推动传统文化创造性转化与创新性发展。

三、培养措施与成效

1. 课程体系与实践教学结合

学校注重电子商务专业课程体系与实践教学的结合，开设了网店运营、市场营销、数据分析等具有实用性的课程，并引入真实的电商项目，让学生在实践中掌握专业技能。

2. 校企合作

学校与多家电商企业建立了合作关系，为学生提供实习和就业机会。通过校企合作，学生能够深入了解电商行业的运作模式和市场需求，为将来的创新创业打下基础。

3. 创新创业氛围营造

学校积极营造创新创业氛围，举办各类创新创业大赛、讲座等活动，激发学生的创新创业热情。同时，学校还设立了创业孵化基地，为有志于创新创业的学生提供场地、资金和技术支持。

4. 师资力量保障

学校拥有一支具有丰富实践经验和创新创业精神的教师队伍。他们不仅为学生提供优质的教学和指导，还积极参与学生的创新创业项目，为学生提供宝贵的建议和支持。

该案例充分展示了苏州高等职业技术学校电子商务专业在创新创业人才培养方面的成果。通过学校的精心培养和学生的自身努力，学生能够将自己的创意和想法转化为实际的产品和服务，为社会创造价值，实现个人成长和发展。这一案例也为其他学生树立了榜样，激发了他们投身创新创业的热情。

第四章　创新创业项目策划与实施

国家近年来大力推进职业教育改革，提出“双创”（大众创业、万众创新）战略，明确要求职业教育与创新创业教育深度融合。随着产业升级和经济结构转型，社会对技能型人才的要求从掌握单一技术转向拥有“技术+创新”复合能力，学生需通过创新创业实践增强竞争力。

苏州高等职业技术学校推动课程改革，将创新创业融入专业教学，以增强教学实用性，并持续优化资源配置，通过校企合作、孵化基地建设，为学生提供项目落地支持。

4.1　创新创业项目选题与市场调研

职业教育以培养应用型、技能型人才为目标，注重对学生实践能力和职业素养的培养。创新创业教育则旨在培养学生的创新意识、创业精神和创业能力。两者相辅相成，职业教育为创新创业教育提供技能和知识基础，创新创业教育则为职业教育注入活力、指出发展方向。学生学习创新创业项目选题的策略以及市场调研的全方位流程，有助于有的放矢地开启创业之旅。一方面，合理的项目选题能够充分发挥学生的专业特长，提高创业成功率；另一方面，科学的市场调研能让学生精准把握市场需求，规避潜在风险，为项目的持续推进奠定基础。

苏州高等职业技术学校侧重专业技能培养，而每个专业领域都蕴含着丰富的创新创业机遇。例如，计算机专业的学生可着眼于软件开发、网站建设、小程序开发等项目，经济贸易专业的学生则能在直播电商、电子商务运营、短视频创作等方向发力。

一、创新创业项目选题

创新创业已经成为推动社会进步的重要力量。而学生作为职业教育的主体，凭借其扎实的专业技能基础与活跃的思维，逐渐成为创新创业舞台上不可忽视的新生力量。然而，面对复杂多变的市场，如何迈出创新创业的第一步——选准项目，成为学生要解决的关键问题。合理的项目选题能够充分发挥学生的专业特长，提高创业成功率，对学生个人成长、职业发展具有深远意义。

具体来说，创新创业项目选题的关键包括以下几点。

1. 立足专业技能挖掘宝藏

教育侧重专业技能培养，每个专业领域都蕴含着丰富的创新创业机遇。例如，服装设计专业的学生可着眼于服装网店、婚纱设计等项目；烹饪专业学生则能在特色餐饮、私人定制美食、美食短视频创作等方向发力；随着私家车保有量的持续攀升，汽车后市场蓬勃发展，汽修专业的学生可针对汽车美容、改装、智能车机系统升级等细分领域开展项目。

2. 关注生活痛点激发创意

日常生活是创意的无尽源泉。学生对生活有着敏锐的感知，善于发现身边的不便之处。比如，校园生活中，学生常抱怨快递取件排队久，校内活动信息分散、难获取等问题，由此可产生智能快递柜校园代理、校园综合信息服务平台等项目构思；在社区场景下，老年人居家养老的陪伴需求大、宠物饲养的配套服务缺失等，也为学生提供了诸如老年智能陪伴设备研发、宠物寄养与美容一站式服务等创业灵感。

3. 紧跟潮流趋势抢占先机

时代潮流催生新的消费热点与产业变革。学生作为年轻群体，对潮流趋势有着天然的亲近感。当前，随着环保理念深入人心，新能源、可回收材料应用领域商机涌现，学生可投身环保餐具制作、废旧电子产品回收再利用等项目；同时，直播带货、线上教育、元宇宙等新兴业态蓬勃发展，具备电商、教育相关专业背景的学生也能顺势切入，抢占市场。

学生在进行创新创业项目选题时应紧密结合自身专业背景和兴趣爱好，同时关注市场需求和发展趋势。以下是一些可供参考的方向。

① 专业技能应用类：结合专业特色，开发实用产品或服务，例如，计算机专业学生可以开发校园二手交易平台，餐饮专业学生可以开设特色小吃店，汽修专业学生可以提供汽车美容服务等。利用专业技能，解决实际问题。例如，电子商务专业学生可以帮助当地农民开设网店销售农产品，服装设计专业学生可以为特殊群体设计服装等。

② 生活服务类：基于校园生活需求，提供便捷服务，例如，校园快递代取、宿舍清洁、学习资料共享等。关注社会热点问题，提供解决方案，例如，开发环保主题的文创产品、提供老年人陪伴服务等。

③ 文化创意类：结合地方文化特色，开发文创产品，例如，设计并制作具有地方特色的明信片、书签、手机壳等。利用新媒体平台，传播正能量，例如，拍摄制作校园微电影、运营正能量公众号等。

二、创新创业市场调研

创新创业市场调研是指在创新创业过程中，通过系统化的数据收集、分析和解读，深入了解市场需求、竞争环境、用户行为以及技术可行性等信息，从而为项目的定位、产品开发、商业模式设计及战略决策提供科学依据的活动。它是创新创业成功的关键环节，旨在帮助创业者精准识别市场机会、规避潜在风险，并优化资源配置，以实现项目的可持续发展。

1. 市场调研方法

① 确定调研目标：明确调研目的，例如了解目标市场规模、竞争对手情况、消费者需求等；确定调研对象，例如潜在消费者、行业专家、竞争对手等。

② 常用调研方法有以下几种。

A. 问卷调查：设计问卷，收集目标群体的意见和需求。

B. 访谈调查：与目标群体进行面对面交流，深入了解他们的想法。

C. 观察法：观察目标群体的行为和消费习惯。

D. 文献研究：查阅相关行业报告、市场数据等。

E. 分析调研数据：对收集到的数据进行整理和分析，找出市场机会和潜在风险。

根据调研结果，调整项目方向和定位。

2. 市场调研内容

① 行业分析：了解行业发展趋势、市场规模、竞争格局等。分析行业内的成功案例和失败教训。

② 目标市场分析：确定目标客户群体，分析他们的年龄、性别、职业、收入、消费习惯等，了解目标客户的需求和痛点。

③ 竞争对手分析：了解竞争对手的产品、价格、渠道、促销策略等，分析竞争对手的优势和劣势。

3. 相关资源推荐

① 中国知网：查阅相关行业报告和市场数据。

② 艾瑞咨询：获取互联网行业分析报告。

③ 企鹅智库：了解互联网用户行为数据。

④ 学校图书馆：查阅相关书籍和期刊。

知识分享

骑创未来：摩拜单车智能出行创业案例

一、项目选题背景

共享单车项目源于城市交通拥堵以及“最后一公里”出行难题。摩拜单车的创始人胡玮炜在一次与朋友的讨论中，意识到短途出行需求未被充分满足，于是萌生了做共享单车项目的想法。

二、市场调研

在项目启动前，摩拜团队进行了详细的市场调研。

用户需求分析：通过问卷调查和访谈，发现城市居民对短途出行工具有强烈需求，尤其是地铁站、公交站与目的地之间的“最后一公里”。

竞争分析：当时市场上已有部分传统公共自行车，但存在租还车不便、停车桩限制等问题。摩拜团队认为，无桩共享单车模式更具优势。

技术可行性分析：团队调研了智能锁、全球定位系统（GPS）、移动支付等技术，确认了共享单车的技术可行性。

政策环境分析：团队调研了城市交通管理政策，发现多地政府鼓励绿色出行，共享单车符合政策导向。

三、项目落地

基于调研结果，摩拜单车于2016年正式推出，采用无桩模式，用户通过手机应用（APP）扫码解锁，骑行结束后可轻松停放。摩拜单车迅速在上海、北京等大城市铺开，受到用户欢迎。

四、市场反馈与调整

用户反馈：初期用户反映单车重量大、骑行体验不佳。摩拜团队根据反馈优化了车身设计，推出轻便版单车。

运营问题：车辆损坏、乱停乱放等问题逐渐显现。摩拜团队通过技术手段（如电子围栏）和线下运维团队解决。

竞争加剧：随着竞争对手进入市场，摩拜团队通过提升用户体验、优化运营效率保持摩拜单车的竞争力。

五、成果与影响

用户规模：摩拜单车迅速积累了大量用户，成为共享单车行业的领军企业。

社会效益：减少了城市短途出行对汽车的依赖，降低了碳排放，推动了绿色出行。

行业影响：摩拜单车的成功促进了共享单车行业的快速发展，同时也暴露了过度竞争、资源浪费等问题。

六、总结

摩拜单车的案例展示了创新创业项目选题与市场调研的重要性。通过精准的市场调研，摩拜团队发现了用户需求痛点，并结合技术可行性，成功推出了创新产品。同时，项目在落地后根据市场反馈不断调整优化，最终取得了显著的社会和商业价值。

思维碰撞：在摩拜单车的案例中，市场调研起到了至关重要的作用。如果你是摩拜单车的创始人，面对竞争对手的快速崛起，你会如何通过进一步的市场调研来调整和优化你的商业模式，以保持市场竞争力？

4.2 商业计划书撰写与评估

在学生创新创业的征程中，商业计划书犹如航海图，指引着项目前行的方向。它不仅是向外界展示项目潜力与可行性的重要文件，也是创业者梳理思路、规划战略、整合资源的有力工具。一份精心雕琢的商业计划书，能够吸引投资、凝聚团队、获取合作机会，为项目的启动与发展奠定坚实基础。本节针对学生的知识储备与创业特点，详细阐述商业计划书撰写与评估各环节的要点。一方面，帮助学生掌握撰写商业计划书的专业技能，将创业灵感转化为逻辑严谨、内容翔实的书面方案；另一方面，通过引入科学的评估方法，让学生能够自我审视、优化项目，提高商业计划的质量与竞争力，推动学生创新创业项目从蓝图迈向现实。

一、商业计划书撰写

创新创业项目商业计划书需要以简洁明了的语言阐述项目的名称、背景、愿景与使命。例如，计算机专业学生发起的人工智能驱动个性化应用开发项目的计划书，需点明在日益增长的个性化应用程序需求下，想要打破传统应用开发的局限，利用人工智能技术，为用户量身定制独一无二的应用程序。

1. 市场分析：洞察商机

① 市场规模与趋势：运用权威数据、行业报告，精准描绘目标市场的容量、增长速率及未来走向。如校园文创产品项目计划书，应剖析近年来校园文化消费的攀升态势、文创市场的扩张规模，结合教育政策对校园文化建设的推动，预判市场持续上扬的潜力，为项目定位提供宏观依据。

② 目标客户群体：深度刻画客户画像，涵盖年龄、性别、消费习惯、购买动机等。如学生运营的健身餐外卖项目，聚焦周边写字楼上班族、健身爱好者，分析他们对健康饮食的追求、便捷配送的需求、价格敏感度，确保产品与营销精准触达。

③ 竞争态势：细致剖析竞争对手在产品特性、价格策略、品牌影响力以及服务体验等方面的优劣势。如开展线上二手书交易平台创业，应对比同类平台书籍种类、价格、物流配送、社区互动等方面的优劣势，找准差异化竞争突破口，比如主打稀缺专业书籍、提供同城当日达服务等。

2. 产品或服务：铸就核心竞争力

① 产品或服务详情：生动描述项目提供的具体内容。如：想要打造私人定制烘焙坊，就要详述特色糕点种类、定制流程、食材选用标准，展现产品独特风味与高品质；想要开发信息技术类项目，如智能校园管理系统项目，就应列举功能模块、操作便捷性、数据安全保障，凸显服务价值。

② 研发计划与创新点：阐述产品持续升级路径、技术创新亮点。如电子专业学生计划研发智能穿戴设备，可以规划后续功能拓展、电池续航优化方案，突出新颖的健康监测算法、时尚外观设计等创新元素。

3. 营销策略：拓展市场版图

① 品牌建设：讲述品牌定位、形象塑造等策略。学生计划创立潮牌服饰品牌，可以定位年轻时尚、个性张扬的群体，通过独特标识、新潮设计风格、社交媒体网红推广等，打造街头时尚标杆品牌形象。

② 价格策略：依据成本、市场需求等定价。如开发手工皮具制作项目，应考虑原料成本、工艺耗时、目标客户消费力，基于价格区间，制定高端手工款高价、入门基础款亲民价的灵活价格策略，实现利润与市场份额双赢。

③ 推广渠道：整合线上线下资源，线上利用社交媒体、电商平台、直播带货，线下开展校园展销、社区活动、合作门店铺货。如美妆产品项目可在线上开展小红书种草、抖音直播试用，线下与美容沙龙合作体验，全方位触达消费者。

4. 团队介绍：凝聚创业力量

① 团队成员介绍：突出成员专业技能、实践经验与分工。如电商创业团队一般涵盖网页设计、运营推广、客服物流专业学生，计划书应详述他们各自在实习、竞赛中的实战成果，明确店铺搭建、流量引入、售后保障等工作分配情况，展现团队协同作战能力。

② 团队优势：强调成员互补性、共同愿景与高效协作机制。例如，跨专业组合的智能农业项目计划书可以着重介绍团队中农艺、机械、信息技术专业学生携手，凭借专业融合优势，攻克种植自动化难题。

5. 财务规划：算好创业账本

① 初始投资预算：罗列启动资金用途，如设备采购、场地租赁、原料储备、市场调研等。如开办 3D 打印工作室，应详细核算 3D 打印机、耗材、场地装修、前期推广的资金投入，确保资金筹备精准。

② 收入预测：基于市场调研、定价策略预估收入。如校园共享打印机项目计划书应依据校园人数、打印需求、收费标准，分阶段预测月、季、年收入，绘制增长曲线，为盈利前景提供量化支撑。

③ 成本分析：剖析固定成本（如房租、设备折旧成本等）、变动成本（如原材料、水电、人力成本等）。如运营校园咖啡屋，应核算房租、咖啡机折旧成本，以及咖啡豆、牛奶、员工薪酬随业务量的变动成本，掌握成本情况。

④ 盈利预测与资金退出机制：模拟未来盈利状况，规划投资者资金退出路径，如股权转让、公司回购、上市减持等，为项目可持续发展与投资人权益保障谋篇布局。

知识分享

Airbnb 的商业计划书

一、案例背景

Airbnb 成立于 2008 年，最初是一个为旅行者提供廉价住宿服务的平台。创始人因为无法支付房租，决定将自家客厅的气垫床出租给旅行者，并为他们提供早餐服务。这一想法逐渐落地，并演变为全球领先的共享住宿平台。

二、商业计划书核心内容

1. 项目概述

Airbnb 旨在通过共享经济模式，连接有空置房间的房东与需要住宿的旅行者，提供独特、经济且本地化的住宿体验。

2. 市场分析

市场需求：传统酒店价格高且缺乏个性化体验，而旅行者对经济、独特住宿的需求日益增长。

目标用户：年轻旅行者、背包客、商务出差人员等。

市场规模：全球旅游市场规模庞大，共享住宿市场潜力巨大。

3. 商业模式

收入来源：向房东和房客收取服务费（佣金）。

核心价值：为房东提供额外收入，为房客提供经济且个性化的住宿选择。

4. 竞争分析

直接竞争对手：传统酒店、其他短租平台。

竞争优势：独特的本地化体验、价格优势、用户评价系统。

5. 运营计划

平台建设：开发相应的网站和移动应用。

市场推广：通过社交媒体、口碑营销和合作伙伴推广。

质量控制：建立用户评价体系，确保房源质量。

6. 财务规划

初期投入：主要是技术开发和市场推广投入。

收入预期：随着用户规模增长，收入将呈现指数级增长。

盈利模式：通过规模化运营实现盈利。

7. 风险评估

政策风险：各地对短租的法律法规不同。

安全风险：房东和房客的安全问题。

竞争风险：其他平台的快速模仿和竞争。

思维碰撞：在 Airbnb 的商业计划书中，市场分析和竞争分析是其成功的关键因素之一。如果你是 Airbnb 的创始人，面对近年来共享住宿市场的激烈竞争（如来自传统酒店和其他短租平台的挑战），你会如何通过更新市场调研方案和调整商业模式来保持 Airbnb 的市场领先地位？

二、商业计划书评估

创新创业商业计划书的撰写与评估是一个动态优化过程，关乎项目成败。精准把握核心要素、严格遵循撰写要点、科学运用评估方法，学生就能够打造出极具竞争力的商业计划书，推动创新创业项目茁壮成长。

1. 自我评估：内省项目优劣

创业者应依据商业计划书要点自查，反思项目创新性是否突出、市场分析是否深入、财务规划是否合理等。定期开展头脑风暴，模拟投资人提问，补短板、锻长板。

2. 专家评审：借智专业眼光

创业者可邀请创业导师、行业专家等评审，从行业趋势、技术可行性、商业模式合理性等多维度打分、提建议，如电商专家可以为学生电商项目优化物流配送方案、优化客户留存策略。

3. 市场检验：实战验证真知

创业者可进行小范围试点运营，收集消费者反馈，监测市场反应。如推出新口味的校园茶饮试喝活动，根据学生评价、购买转化率来调整配方、定价，以实战数据反哺计划书优化。

知识分享

特斯拉的商业计划书评估

一、案例背景

特斯拉成立于2003年。其商业计划书在早期吸引了大量投资者，但也面临诸多质疑。以下是其商业计划书的核心内容及评估要点。

二、商业计划书核心内容

1. 项目概述

特斯拉的目标是生产高性能电动汽车，并通过技术创新降低电动汽车的成本，使其成为主流选择。

2. 市场分析

市场需求：传统燃油车对环境造成污染，消费者对环保和科技功能的需求日益增长。

目标用户：高端消费者、环保主义者、科技爱好者。

市场规模：全球汽车市场规模庞大，电动汽车市场处于快速增长阶段。

3. 商业模式

收入来源：电动汽车销售、能源产品（如太阳能板、储能设备）销售、软件服务（如自动驾驶）。

核心价值：通过技术创新提供高性能、环保的电动汽车，推动可持续能源发展。

4. 竞争分析

直接竞争对手：传统汽车制造商（如通用、丰田）、其他电动汽车品牌（如日产聆风）。

竞争优势：领先的电池技术、自动驾驶技术、品牌影响力。

5. 运营计划

技术研发：持续投入电池技术、自动驾驶技术的研发。

生产布局：建设超级工厂（Gigafactory）以降低成本。

市场推广：通过直营店和线上销售模式，提升用户体验。

6. 财务规划

初期投资：主要投资研发、生产和基础设施建设。

收入预期：随着规模效应的产生和技术的进步，成本将逐步降低，盈利能力将增强。

盈利模式：通过规模化生产和增值服务实现盈利。

7. 风险评估

技术风险：电池技术和自动驾驶技术的研发可能失败。

市场风险：消费者对电动汽车的接受度可能低于预期。

政策风险：政府对电动汽车的补贴政策可能发生变化。

三、商业计划书评估

1. 完整性评估

优点：特斯拉的商业计划书涵盖了市场分析、商业模式、运营计划、财务规划和风险评估，内容全面。

改进建议：可以增加对供应链管理和售后服务体系的详细规划。

2. 可行性评估

优点：特斯拉在电池技术和自动驾驶技术方面具有领先优势，且市场需求明确。

改进建议：初期可以进行小规模试点，验证技术和市场的可行性，降低大规模投入的风险。

3. 独特性评估

优点：特斯拉通过技术创新和品牌建设，形成了独特的竞争优势。

改进建议：可以进一步挖掘用户个性化需求（如定制化车型），增强独特性。

4. 经济效益评估

优点：随着规模效应的产生和技术的进步，特斯拉的成本逐步降低，盈利能力增强。

改进建议：可以通过优化供应链和提升生产效率，进一步降低成本。

5. 市场前景评估

优点：全球电动汽车市场处于快速增长阶段，特斯拉具有先发优势。

改进建议：可以加强与中国、欧洲等市场的合作，扩大市场份额。

6. 资金筹措方案评估

优点：特斯拉通过多轮融资和资本市场运作，获得了大量资金支持。

改进建议：可以探索更多元化的资金来源（如政府投资、战略合作），降低融资风险。

思维碰撞：特斯拉的商业计划书在早期吸引了大量投资者，但也面临诸多疑问（如技术可行性、市场接受度如何等）。如果你是特斯拉的早期投资者，你会如何评估其商业计划书的可行性和风险？你认为特斯拉在后续发展中应如何调整其商业模式以应对市场变化和技术挑战？

4.3 创新创业项目实施与管理策略

创新创业项目实施与管理策略的相关课程，应深入剖析从项目启动到持续推进过程中的要点策略，从而为学生提供实操性强的指导，助力其跨越理论与实践鸿沟，实现创新创业梦想，在竞争激烈的市场中稳健前行。学生凭借专业技能基础投身创新创业领域，既迎来政策扶持、市场多元需求等机遇，也面临经验不足、资源有限等挑战。科学有效的项目实施与管理策略，成为破解困境、把握机遇的关键钥匙。为学生梳理出一套系统全面、契合其特点的创新创业项目实施与管理策略指南，一方面，可以帮助学生有序推进项目落地，将创意转化为现实生产力；另一方面，可以提升项目运营效率与抗风险能力，为学生创业成功赋能。

一、创新创业项目的实施

实施创新创业项目应注意以下几点。

1. 项目实施准备

① 细化商业计划落地路径：依据前期撰写的商业计划书，将项目目标拆解为阶段性可操作任务。如智能绿植养护项目，把市场推广目标细化为校园宣传周、社区体验日等具体活动安排，明确时间节点与责任人，确保商业计划顺利落地。

② 集资源打基础：积极筹措资金，除争取政府创业补贴、学校创业基金外，可发动团队成员自筹、引入小额天使投资；同时整合场地、设备等资源，利用学校创业孵化基地、校企合作场地解决办公与运营空间，采购或租赁专业设备，为项目

启动准备必要条件。

2. 团队分工与动态执行

① 明确分工与沟通机制：依据团队成员专业技能与优势，明确分工。以电商直播带货项目为例，主播负责产品展示与销售转化，运营负责流量引入与数据分析，客服处理售后咨询，建立每日例会、线上沟通群组等即时沟通机制，确保信息畅达，协同高效。

② 任务推进与监控：运用项目管理工具如看板管理，可视化呈现任务进度，团队成员实时更新任务完成状态，定期开展项目进度复盘，对照计划检查偏差。如3D打印创意工坊项目，每周比对产品研发、订单交付进度，及时调整资源分配与工作计划。

3. 反馈收集与持续升级

① 收集反馈信息：建立多渠道反馈收集体系，线上通过社交媒体评论、用户问卷调查，线下借助客户现场交流、合作商家建议，全面收集产品使用体验、功能需求等反馈。如校园美食APP，根据学生反馈优化点餐流程、丰富菜品推荐算法等。

② 持续改进升级：依据反馈，组织技术、运营团队研讨优化方案。比如，烹饪专业学生运营的烘焙坊，根据顾客口味偏好调整糕点配方、推出新品；信息技术类项目智能门禁系统，依据安全性反馈升级加密算法、拓展识别功能，保持竞争力。

知识分享

Airbnb 实施案例

一、项目背景

Airbnb成立于2008年。最初，创始人因无法支付旧金山公寓的租金，决定将客厅空间出租给短期租客，并提供早餐，以获得额外收入。这一想法逐渐演变为一个全球性的在线共享住宿平台。

二、创新点

1. 共享经济模式：Airbnb利用闲置房源，帮助房东将空闲房间或整套房屋出租给旅行者，既为房东带来收入，也为旅行者提供更具性价比的住宿选择。

2. 用户体验优化：平台提供详细的房源信息、用户评价和在线支付功能，确保交易安全便捷。

3. 社区信任机制：通过双向评价系统、身份验证和保险保障，Airbnb与用户之间建立了信任。

三、实施过程

1. 市场验证：初期，创始人在本地活动中推广，验证市场对短期租赁的需求。

2. 平台开发：推出网站，允许用户发布房源并在线预订。

3. 融资扩展：获得多轮融资后，Airbnb扩展至全球市场，增加房源和用户数量。

4. 品牌建设：通过营销和用户体验优化，Airbnb 成为共享经济的代表品牌。

5. 多元化服务：推出“Airbnb Experiences”，提供当地体验活动，进一步丰富服务内容。

四、成果

1. 全球覆盖：Airbnb 在 220 多个国家和地区拥有数百万个共享房源。

2. 成功上市：2020 年上市时，市值一度超过 1 000 亿美元。

3. 行业影响：Airbnb 改变了传统酒店业，推动了共享经济的发展。

五、启示

1. 解决实际问题：Airbnb 的成功源于解决了旅行者住宿贵和房主资源闲置的问题。

2. 技术创新：通过互联网和移动技术，Airbnb 提升了用户体验。

3. 信任机制：建立与用户的信任是共享经济平台成功的关键。

二、创新创业项目的管理策略

创新创业项目的管理策略不仅是实现项目成功的关键保障，也是推动团队协作、优化资源配置、提升执行效率的重要工具。从更广泛的角度来看，它不仅是项目管理理论的延伸，也是应对复杂挑战、实现可持续发展的重要实践框架。创新创业项目的管理策略本质上是一种灵活动态的实践方法，其核心在于平衡创新探索与资源约束，确保项目在不确定的环境中高效推进并实现目标，其定位应立足适应快速变化的市场环境，通过科学的管理手段，让项目的创新潜力和商业价值最大化，同时有效控制风险。因此，创新创业项目的管理策略应被视为项目成功的重要支柱，贯穿于项目的全生命周期，为创新者和创业者提供系统化的支持。

1. 目标导向管理

① 设定清晰目标体系：如校园文创产品项目，首先应确立项目总体目标，比如年度销售额、品牌知名度提升幅度等指标；再将总体目标细化为月度、季度子目标，将目标与团队成员绩效考核挂钩，实施全员激励；最后设定过程性目标，如新品研发周期、市场推广覆盖范围等，保障项目稳步推进。

② 动态调整目标：密切关注市场动态、政策变化，适时调整目标。如学生开展的新能源汽修服务项目，遇新能源汽车补贴政策调整，应及时优化服务定价，拓展客户群体目标，确保项目顺应形势。

2. 团队活力管理

① 激励机制构建：设立多元激励措施。在物质激励层面，根据项目收益给予成员绩效奖金、项目分红；在精神激励层面，评选月度之星、颁发荣誉证书，表彰突出贡献成员；在发展激励层面，为成员提供技能培训、职业晋升通道，激发其内在动力。

② 团队文化塑造：培育积极向上、包容创新的团队文化；定期组织户外拓展、创意分享会等活动，增进成员情谊，打破岗位壁垒；鼓励成员勇于试错，营造宽松创新氛围。

3. 成本精益管理

① 预算精准编制：细化成本预算（涵盖人力、原材料、营销、设备折旧等各项开支）。如手工木艺工作室项目，精确核算木材采购量价、工具损耗、人工工时费用，制定月度、年度预算等。

② 成本监控与优化：建立成本监控台账，实时记录开支，对比预算分析偏差。如运营校园咖啡店，监控每日咖啡豆、牛奶消耗与营收关系，优化采购渠道、降低物料浪费；合理安排人力，根据客流峰谷调整员工排班，削减不必要成本。

知识分享

Slack 管理策略案例

一、项目背景

Slack 是一款团队协作工具，于 2013 年推出。最初，Slack 是作为游戏开发团队内部沟通平台使用的，后来开发团队发现其作为团队协作工具的潜力后，转而专注于该领域开发。

二、创新点

1. 集成化平台：Slack 集成了多种工具和服务，如文件共享、视频会议、项目管理等，提供一站式协作解决方案。

2. 界面简洁直观：Slack 的界面简洁直观，支持自定义频道和通知设置。

3. 强大的搜索功能：Slack 提供高效的搜索功能，帮助用户快速找到历史消息和文件。

三、管理策略

1. 用户反馈驱动：Slack 高度重视用户反馈，通过持续迭代优化产品功能，确保满足用户需求。

2. 敏捷开发：采用敏捷开发方法，快速响应市场变化和用户需求，保持产品竞争力。

3. 生态系统建设：Slack 通过开放应用程序编程接口（API）和搭建开发者平台，吸引第三方开发者为其开发插件和集成应用，丰富产品功能。

4. 市场营销：Slack 通过口碑营销和免费增值模式迅速扩大用户规模，免费版吸引用户，付费版提供高级功能。

5. 企业文化：Slack 注重企业文化建设，倡导透明、开放和协作的工作环境，提升员工满意度和创造力。

4.4 创新创业项目风险控制与调整

创新创业项目的实施与管理是一场充满挑战的征途。通过科学规划实施步骤、精细运用管理策略、敏锐应对风险，学生能稳步推进项目，实现创业梦想。展望未来，随着创业经验积累、社会支持体系完善，学生的创新创业之路将越走越宽，为产业升级、经济发展注入蓬勃力量。

一、创新创业项目风险管理

创新创业项目风险管理是一项系统且动态的工程。通过精准识别风险、严密实施防控、适时灵活调整策略，学生能够在创业路上稳健前行。

1. 风险识别预警

① 罗列风险清单：梳理项目全流程风险。将技术风险（如软件开发的漏洞隐患）、市场风险（如需求变动、竞争加剧）、财务风险（如资金断流、成本超支等）分类罗列并形成清单，为风险防控提供靶向。

② 预警指标设定：为关键风险设定量化预警指标，如为电商项目的流量转化率、库存周转率设定阈值等，一旦触及预警线，及时启动应对预案。

2. 风险化解基本策略

① 技术风险应对策略：针对技术难题，加强与高校科研团队、专业技术机构合作，如虚拟现实（Virtual Reality,VR）教育项目遇技术瓶颈，就引入高校虚拟现实实验室技术支持，预留技术研发资金，应对技术迭代升级需求，确保项目技术的先进性。

② 市场风险应对策略：强化市场调研，每周监测市场动态，依据变化灵活调整营销策略。如校园美甲项目遇周边新店竞争，就推出特色美甲套餐、会员专属优惠，拓展线上预约、上门服务等新渠道，重夺市场优势。

③ 财务风险应对策略：拓宽融资渠道，除传统途径外，探索众筹等新模式；优化资金使用方式，建立财务审批制度，严格把控大额支出；制定应急预案，如遇资金短缺，阶段性缩减非关键业务开支，保障核心业务运营。

二、创新创业项目风险识别要点

1. 基于项目流程的风险排查

① 创意孵化阶段：在项目创意萌生之初，需审视创意的原创性与可行性。例如，计算机专业的学生构思一款校园社交 APP，要考量是否存在类似的已成熟产品，避免陷入同质化竞争，同时评估自身技术团队能否实现 APP 的复杂功能（包括实时定位、动态分享等），预防技术开发障碍。

② 筹备启动阶段：资金筹集方面，分析可能的资金缺口风险。如计划创办 3D 打印工作室，需精确核算设备采购、场地租赁、原材料储备等的启动成本，对比可获取的政府补贴、学校资助、自筹资金，预估资金链断裂隐患；关注成员专业匹配度与稳定性，防止因人员流动、团队技能短板阻碍项目起步。

③ 运营推广阶段：在这一阶段，市场风险凸显，监测市场需求变化至关重要。如经营特色烘焙坊，在产品口味上需实时跟踪消费者口味偏好变化、周边竞品推新动态，及时调整产品菜单；在营销推广上，应评估线上、线下渠道推广效果，若发现线上社交媒体引流转化率低，需探寻新的推广路径，规避营销失效风险。

2. 基于外部环境洞察的风险预警

① 政策法规变动：关注行业相关政策走向。以新能源汽修项目为例，若政府

调整新能源汽车维修资质标准、补贴政策，项目运营成本、市场准入门槛将随之改变，因此，创业者需提前筹备应对方案，确保合规运营。

② 技术革新冲击：当前科技飞速发展，技术迭代迅速。如电子智能产品项目，要警惕芯片技术、传感器技术革新导致产品瞬间落后，提前布局研发投入，紧跟前沿技术，避免产品淘汰风险。

③ 社会经济波动：经济形势起伏影响消费者消费能力与意愿。如在经济下行周期，高端美容美体项目可能面临客户流失、消费降级挑战，需灵活调整定价策略、服务套餐，适应市场变化。

三、创新创业项目风险控制策略

1. 技术风险防控

① 技术储备与升级规划：组建技术团队后，注重对成员技术多样性与学习能力培养，如 VR 教育项目团队，鼓励 VR 开发基础技能人才进修前沿交互技术；定期预留技术研发时间与资金，按计划升级产品功能，如在线教育平台逐步引入人工智能辅导功能，保持技术领先。

② 外部技术合作拓展：与高校科研实验室、专业技术公司建立合作关系，如农业智能监测项目，借助高校农业工程专业的科研力量攻克土壤传感器精准度难题；当遇到复杂算法开发瓶颈时，将相应任务外包给专业算法公司，确保项目技术难题及时解决。

2. 市场风险应对

① 建立动态市场调研机制：开展常态化市场调研，安排团队成员每周收集行业资讯、分析竞品动态，每月开展消费者问卷调查、焦点小组访谈，深度洞察市场需求变化。如校园文创产品项目，依据学生文化潮流、喜好更迭，及时更新文创设计主题，契合市场口味。

② 灵活调整营销策略：采用多元化营销组合，根据市场反馈实时优化。如电商直播带货项目遇流量下滑，可尝试拓展小红书种草、抖音短视频带货等新渠道；针对不同消费群体制定差异化营销方案，比如针对价格敏感型消费者推出限时折扣、团购活动，稳固市场份额。

3. 财务风险把控

① 预算精细化管理：编制详细到月度甚至周度的财务预算，涵盖各项开支细节。如手工皮具工坊项目，精确核算每张皮革采购成本、工具损耗费用、人工制作费用，严格按预算支出，杜绝资金浪费。

② 资金多元化筹集与储备：在传统融资途径之外，积极探索新兴渠道。如开展众筹活动，吸引校友、家长等投资者；与供应链上下游企业协商延长付款周期、争取预付款，增加资金流动性；始终保持 3～6 个月运营资金储备，防范资金断流危机。

四、创新创业项目调整举措

1. 项目方向调整

① 基于市场反馈的转型决策：当市场需求出现根本性转变时，果断调整项目

方向。如学生运营的实体书店，因电子书冲击，客流量锐减，可转型为“阅读+文创+咖啡”的复合式文化空间，融合多元业态，重新吸引消费者。

② 顺应技术潮流的业务拓展：紧跟技术发展前沿，拓展业务边界。如计算机专业学生的基础软件开发项目，随着大数据、云计算技术成熟，引入相关技术模块，升级为云服务软件解决方案提供商，抢占新兴技术高地。

2. 团队与资源重组

① 团队技能结构优化：根据项目调整方向，评估团队技能短板，有针对性地引进人才。如国内电商项目向跨境电商转型，需招募具备外语能力、国际贸易知识的成员，同时开展内部培训，提升团队整体对新业务的适应力。

② 资源重新配置：对场地、设备、资金等资源重新规划，如原用于传统广告制作的场地设备，在项目向数字营销转型后，改造为直播间、剪辑工作室；合理调配资金，加大对新兴业务核心技术研发、市场推广的投入，保障项目转型动力。

知识分享

智联科技项目风险控制与调整案例

一、案例背景

某初创公司智联科技致力开发一款基于人工智能的智能家居控制系统。在项目开发初期，团队充满激情，但在实施过程中遇到了技术瓶颈、市场竞争加剧和资金短缺等多重风险。为了确保项目成功，团队采取了一系列风险控制与调整措施。

二、风险识别与分类

① 技术风险：人工智能算法开发难度大，技术团队经验不足，可能导致产品功能无法如期实现。

② 市场风险：智能家居市场竞争激烈，用户需求变化快，可能导致产品定位不准确。

③ 资金风险：初期融资不足，后续资金链可能断裂，影响项目推进。

④ 团队风险：核心成员流失，团队协作效率下降，影响项目进度。

三、风险控制与调整措施

1. 技术风险控制

① 措施：引入外部技术顾问，加强技术团队的能力；采用敏捷开发模式，将产品功能模块化，分阶段开发并测试；与技术合作伙伴建立战略联盟，共享技术资源。

② 效果：技术难题逐步解决，产品开发进度回归正轨；通过小步快跑的方式，团队能够快速验证技术方案的可行性。

2. 市场风险控制

① 措施：开展深入的市场调研，重新分析用户需求，调整产品定位；推出最小可行性产品（MVP），邀请早期用户试用并收集反馈；加强品牌宣传，通过社交媒体和行业展会提升产品知名度。

② 效果：产品更贴近用户需求，市场接受度显著提升；早期用户反馈为产品优化提供了宝贵意见。

3. 资金风险控制

① 措施：制订详细的资金使用计划，严格控制成本；积极寻求第二轮融资，与投资机构保持密切沟通；探索收入来源，如与企业客户合作开发定制化解决方案。

② 效果：资金使用效率提高，项目得以持续推进；成功获得第二轮融资，缓解了资金压力。

4. 团队风险控制

① 措施：建立核心成员的股权激励机制，增强团队凝聚力；定期组织团队建设活动，提升团队协作效率；引入新成员，补充团队在市场和运营方面的短板。

② 效果：核心团队稳定性增强，成员积极性提高；团队协作更加高效，项目推进速度加快。

四、总结

创新创业项目的风险控制与调整是一个动态的过程，需要团队具备敏锐的风险识别能力和灵活的应对策略。通过科学的风险管理、及时的调整措施以及团队的共同努力，项目可以在复杂多变的环境中稳步推进，最终实现预期目标。这一案例为其他创新创业项目提供了宝贵的经验和借鉴。

第五章 创新创业市场营销与品牌建设

市场营销是企业连接市场与消费者的关键桥梁，其核心价值在于帮助企业精准洞察市场需求，从而通过有效的策略将产品或服务推向目标受众，以实现企业的商业目标。品牌建设则是以塑造独特品牌形象、培育品牌忠诚度为核心，旨在提升品牌知名度、美誉度与影响力的系统工程。在一定意义上，品牌建设可看作市场营销的升华。借助品牌的力量，企业能够在激烈的市场竞争中脱颖而出，稳固市场地位，赢得消费者的长期信赖。

苏州高等职业技术学校在创新创业教育实践中探索出把市场营销与品牌建设理念深度嵌入创新创业教育体系之中的独特路径，通过案例分析、项目实战、校企合作等多元方式展开相关教学与实践活动。这不仅有助于培养学生在创新创业过程中的市场敏锐度和品牌塑造能力，还能增强他们的商业运作能力和市场竞争力，以契合我国对创新创业人才全面发展的迫切需求。这种深度融合的模式具备很高的推广价值和复制潜力，无论是在职业院校，还是在各类本科院校，都能够为创新创业教育注入新的活力，助力培养更多适应时代发展的高素质创新创业人才。

5.1 市场营销与渠道选择策略

市场营销与渠道选择是企业在市场竞争中制胜的实用法门，其定位应紧密贴合市场动态与消费者需求的变化。市场营销旨在通过精准有效的策略以及合理优化的渠道，帮助企业将产品或服务精准推向目标客户群体，最大限度提升产品的市场占有率，实现企业的盈利增长与可持续发展，强化企业在市场中的竞争优势。从更宏观的视角而言，市场营销与渠道选择不仅是企业实现短期销售目标的手段，也是塑造品牌形象、培育客户忠诚度、推动行业创新发展的关键要素。因此，它们应被视作企业运营体系的核心环节，贯穿于企业发展的各个阶段，为企业在复杂多变的市场环境中指明方向、保驾护航。

苏州高等职业技术学校将市场营销与渠道选择相关内容深度融入创新创业教学体系，目标与定位清晰且精准，致力于为苏州地区培养具备敏锐市场洞察力、熟练掌握市场营销策略制定与渠道选择技巧的专业人才，为推动地方经济的高质量发展贡献力量。

一、目标市场定位

在广袤的创新创业领域中，目标市场定位宛如项目的指南针，其精准与否直接决定着项目的成败。不同类型的创新创业项目，因其独特的性质、理念和商业模式，在目标市场定位上各有不同。

对于科技类创新创业项目，其往往聚焦于前沿技术的应用与创新。以一家专注于研发新型智能家居控制系统的创业公司为例，该公司的控制系统融合了先进的物联网技术、人工智能算法，能实现家居设备的智能化互联互通与个性化控制。从项目特点出发，其目标市场定位紧密围绕对科技有较高接受度、追求便捷生活方式且具备一定消费能力的群体。

从市场需求角度分析，随着生活水平的提高以及科技的普及，人们对智能家居产品的需求日益增长。消费者渴望通过智能化设备提升生活品质，实现对家居设备的便捷管理。然而，并非所有消费者都对这类高科技产品有强烈需求。一些生活方式传统的人群，可能对复杂的智能设备存在抵触情绪或缺乏使用能力。因此，该创业公司的目标市场锁定为年轻的中高收入群体，如都市白领、科技爱好者等。

再看市场竞争状况。智能家居市场竞争激烈，众多知名品牌和新兴企业纷纷涌入，既有传统家电厂商凭借品牌优势和渠道资源推出智能家居产品，也有互联网巨头利用技术和数据优势布局智能家居领域。在这种竞争环境下，该创业公司若将目标市场定位为大众市场，必然面临激烈的竞争。于是，该公司选择聚焦中高端市场，突出产品的创新性、个性化定制以及优质的用户体验，与竞争对手形成差异化。这种定位策略的优势在于能够精准满足特定目标客户的需求，树立高端品牌形象，获取较高的利润空间。但该策略的劣势也较为明显：中高端市场规模相对有限，市场拓展速度可能较慢，且对产品品质和服务要求极高。一旦产品出现问题，可能对品牌形象造成较大损害。

对于文化创意类创新创业项目，其目标市场定位应基于其创意特点。以一家致力开发原创动漫形象并进行多元化衍生产品开发的创业公司为例，其项目特点在于独特的创意内容、鲜明的艺术风格以及丰富的文化内涵。从市场需求来看，动漫产业近年来发展迅速，尤其受到青少年群体的喜爱。不同年龄段、不同地域的青少年对动漫的喜好和需求存在差异。一些青少年热衷于热血冒险类动漫，另一些则钟情于治愈系、恋爱类动漫。

在市场竞争方面，动漫市场竞争激烈，国内外众多知名动漫品牌占据了较大市场份额。在这种情况下，该创业公司通过深入的市场调研，将目标市场定位为12~20岁的青少年群体，且重点关注对国风动漫有浓厚兴趣的细分市场。这一定位的依据在于，随着文化自信的提升，国风元素在青少年群体中越来越受欢迎，而市场上优质的国风动漫形象相对较少。这种定位策略的优势在于能够精准抓住特定细分市场的需求，形成差异化竞争优势，吸引忠实的粉丝群体；同时，通过打造具有中国传统文化特色的动漫作品，能够激发青少年的文化认同感和情感共鸣。然而，该策略也存在一定风险：国风动漫的受众相对特定，市场规模可能相对较小。如果不能有效拓展受众群体或进行多元化发展，就可能限制项目的进一步发展。同时，对创意团队的文化底蕴和创作能力要求较高，一旦创意不足或质量下滑，产品容易失去粉丝的支持。

餐饮类创新创业项目也有其独特的目标市场定位逻辑。以一家主打健康轻食的创业餐厅为例。从项目特点来看，其产品以新鲜食材、低热量、高营养价值为特色，烹饪方式简单健康，注重食材的原汁原味。在市场需求上，随着健康意识的增强，人们对健康饮食的需求不断增加。尤其是健身人群、上班族以及注重身材的女性群体，对轻食的需求较为旺盛。

在市场竞争状况上，餐饮市场竞争异常激烈，既有传统的中餐厅、西餐厅，也有各类快餐品牌。轻食市场虽然处于发展阶段，但也逐渐出现了一些竞争对手。该创业餐厅将目标市场定位为周边写字楼的上班族和附近健身工作室的会员。选择这一目标市场的原因在于，上班族对快捷、健康的午餐有强烈需求，而健身会员对饮食的营养搭配和热量控制有较高要求。这种定位策略的优势在于能够精准满足目标客户的需求，通过与周边写字楼和健身工作室的合作，能够快速建立客户群体，提高品牌知名度。这种策略的劣势在于目标市场相对集中，受地理位置和周边商业环境影响较大。如果周边写字楼入驻率下降或健身工作室经营不善，就可能导致客流量突然减少。同时，轻食市场的消费者对价格较为敏感，原材料成本的波动可能对利润空间产生较大影响。

教育类创新创业项目同样需要精准的目标市场定位。以一家专注于在线编程教育的创业公司为例，其项目特点在于利用互联网技术提供便捷的编程学习课程，课程内容涵盖多种编程语言和编程技能，适合不同年龄段和学习基础的人群。从市场需求来看，随着科技的发展，编程技能的重要性日益凸显。无论是青少年为了培养逻辑思维能力，还是成年人希望提升自身技能以适应职场变化，他们对编程教育的需求都在不断增长。

从市场竞争状况来看，在线教育市场竞争激烈，既有传统教育机构拓展线上编程教育业务，也有新兴的互联网教育公司推出在线教育服务。该创业公司通过市场调研发现，青少年编程教育市场潜力巨大，但竞争也较为激烈，而针对成年人的编程提升教育市场尚未充分开发。于是，该公司将目标市场定位为有一定计算机基础、希望通过学习编程增强职业竞争力的成年人。这种定位策略的优势在于能够避开青少年编程教育市场的激烈竞争，专注于特定的成人细分市场，通过提供针对性强、实用性高的课程内容，满足他们的职业发展需求，提高客户的忠诚度。然而，该策略也面临一些挑战：成年人因学习时间相对有限，对学习效果和效率要求较高，需要更加灵活的学习方式和优质的教学服务。同时，市场推广难度较大，该公司需要通过精准的营销渠道和有效的口碑传播来吸引目标客户。

综上所述，不同创新创业项目在进行目标市场定位时，需综合考量项目特点、市场需求及竞争状况。精准的目标市场定位能够帮助项目聚焦资源，满足特定客户群体的需求，形成差异化竞争优势。但同时，任何定位策略都有其劣势。创业者需要根据项目的发展阶段和市场变化情况，灵活调整目标市场定位，以确保项目的持续发展与成功。

二、产品与服务策略

在创新创业的浪潮中，产品与服务是项目立足市场的根本。任何市场营销策略都应基于优秀的产品与服务。对于创新创业项目而言，独特的产品与明显的服务优势不仅能满足目标市场的需求，也是在激烈竞争中脱颖而出的核心竞争力。

打造产品特色是吸引目标客户的首要环节。以一家专注于智能穿戴设备研发的创新创业公司为例，其推出的智能手环旨在满足消费者对健康管理和便捷生活的需求。为打造产品特色，该公司深入挖掘目标市场的痛点与期望。为满足运动爱好者的需求，该手环不仅具备精准的运动数据追踪功能（可以追踪跑步距离、速度、卡路里消耗等数据），还通过与专业运动教练合作，提供个性化的运动训练计划。这一特色功能区别于市场上大多数仅提供基本运动数据的手环产品，满足了运动爱好者对科学训练的需求。

为吸引关注健康的消费者，该手环集成了先进的健康监测技术，能够实时监测心率、血压、睡眠质量等多项生理指标，并通过与专业医疗机构合作，为用户提供健康风险评估和建议。这种将健康监测与专业医疗服务相结合的特色，使该手环在健康管理领域形成了独特的竞争优势。此外，该手环在设计上注重时尚与舒适的结合，采用轻盈的材质和多样化的表带设计，满足了不同消费者的审美需求，不仅是功能性设备，也是时尚配饰。

再以一家主打创意家居用品的创新创业企业为例。该公司的一款多功能创意灯具不仅具备普通照明功能，还通过独特的设计实现了多种形态的变换。用户可以根据需求和场景，如阅读、聚会、休息等，调整灯光的亮度、颜色和照射角度。同时，灯具的外观设计简约时尚，能够与各种家居风格融合。这种将创意设计与实用功能相结合的产品特色，满足了消费者对家居用品的需求，与市场上传统灯具形成了鲜明的差异。通过不断推出类似的创意家居产品，该企业在目标市场中树立了独特的品牌形象，吸引了追求高品质生活和个性化家居装饰的消费者群体。

凸显服务优势同样是创新创业项目成功的关键因素。以一家互联网餐饮配送平台为例，在配送服务方面，该平台致力提供高效、便捷、优质的配送服务。通过优化配送算法，该平台能够根据订单位置、骑手位置和交通状况，实时规划最优配送路线，大大缩短了配送时间。同时，该平台为骑手配备了先进的智能设备，确保订单信息的及时准确传递，提高了配送效率。

在服务质量方面，该平台建立了严格的骑手培训和考核机制，确保骑手具备良好的服务态度和专业素养。根据培训和考核要求，骑手不仅要按时准确送达餐品，还要保证餐品的完整性。此外，该平台还提供实时订单跟踪功能，让消费者随时了解餐品的配送进度。针对消费者的投诉和建议，该平台设有专门的客服团队，能够及时响应并解决问题。这种高效、优质的服务质量，满足了消费者对餐饮配送及时性和可靠性的需求。

一家专注于企业软件服务的创新创业公司，为凸显服务优势，坚持以客户为中心，为客户提供全方位的定制化解决方案。该公司深入了解不同企业的业务流程和需求特点，通过专业的团队为客户量身定制软件系统。在项目实施过程中，该公司提供全程的技术支持和培训服务，确保客户能够顺利使用软件系统，并充分发挥其功能。

在售后服务方面，该公司建立了技术支持团队，随时响应客户的需求并解决客户的问题。同时，公司定期对客户进行回访，收集客户的反馈意见，不断优化软件系统和服务质量。这种全方位的服务模式，满足了企业客户对软件系统个性化和稳定性的需求，赢得了众多企业客户的信赖。

满足目标市场需求并与竞争对手形成差异是打造产品特色与凸显服务优势的核心目的。以一家新兴的电动汽车制造企业为例，其目标市场主要是追求环保、科技和高品质出行体验的消费者。在产品方面，该企业致力提升电动汽车的续航里程、充电速度和安全性能。通过研发先进的电池技术和充电设施，其电动汽车的续航里程大幅提高，充电时间显著缩短，满足了消费者对电动汽车实用性的需求。

在服务方面，该企业提供一站式的购车服务（包括线上、线下的看车、试驾、购车咨询等），同时为车主提供免费的充电桩安装服务和长期的电池质保承诺。此外，该企业还建立了覆盖全国的售后服务网络，确保车主能够及时获得专业的维修和保养服务。这些产品与服务策略，不仅满足了目标市场对电动汽车的需求，还增强了品牌竞争力。

一家专注于高端定制旅游服务的创新创业公司，将追求个性化、高品质旅游体验的客户作为目标客户群体。在产品方面，公司提供丰富多样的旅游线路和主题定制服务，从豪华海岛游到深度文化体验游，从亲子主题游到浪漫蜜月游，以满足不同客户的兴趣和需求。每条旅游线路都经过精心设计，注重细节和品质，选择当地最优质的酒店、餐厅和旅游景点。

在服务方面，该公司为每位客户配备专属的旅游顾问，从行程规划、预订机票酒店到当地导游服务，全程提供一对一的贴心服务。旅游顾问会根据客户的喜好和需求，不断优化旅游行程，确保客户能够享受到独一无二的旅游体验。这种个性化、高品质的产品与服务策略满足了目标客户群对高端定制旅游的需求。

在产品与服务策略中，持续创新是保持差异化竞争优势的关键。以一家互联网科技公司为例，其推出的短视频社交平台在市场竞争中脱颖而出。在产品方面，该平台不断创新功能，推出实时美颜、特效滤镜、合拍等功能，满足了用户对创意拍摄和分享的需求。同时，通过算法优化，该平台能够精准推送用户感兴趣的短视频内容，提升用户的观看体验。

在服务方面，该平台建立了活跃的社区氛围，鼓励用户互动和分享。通过举办各种线上、线下活动，如短视频创作大赛、明星互动等，增强用户的黏性。此外，该平台还注重用户反馈，根据用户的建议和需求，不断优化产品和服务。这种持续创新的产品与服务策略，使该平台在短视频社交领域保持领先地位。

创新创业项目需精心打造产品特色、凸显服务优势，满足目标市场的需求，并与竞争对手形成差异。产品特色的打造应围绕目标客户的痛点与期望，结合技术创新和设计理念。服务优势的凸显则要注重服务的高效性、优质性和个性化，从售前咨询、售中服务到售后服务，全方位满足客户需求。同时，持续创新是保持竞争优势的核心动力。只有不断推陈出新，才能在激烈的市场竞争中立于不败之地。通过有效的产品与服务策略，创新创业项目能够吸引目标客户，树立良好的品牌形象，实现可持续发展。

三、营销渠道多元化拓展

在创新创业的征程中，选择合适的营销渠道对于项目的成功推广和市场渗透至关重要。随着市场环境的日益复杂和消费者行为的多样化，单一的营销渠道已难以满足项目的发展需求，多元化的营销渠道整合运用成为必然趋势。以下将详细探讨各类适合创新创业项目的营销渠道，分析其特点、适用场景以及整合运用的方法。

1. 线上电商平台

线上电商平台为创新创业项目提供了一个直接面向广大消费者的广阔市场。如淘宝、京东、拼多多等综合性电商平台，它们拥有庞大的用户基数和完善的交易体系。线上电商平台有以下特点。

① 流量巨大：这些平台汇聚了海量的消费者，每天有大量的用户访问和购物，为创新创业项目提供了很好的机会。

② 功能齐全：这些平台具备商品展示、交易支付、物流跟踪、客户评价等一系列完整的购物功能，方便消费者购买产品。

③ 数据分析：这些平台能提供丰富的数据分析工具，帮助创业者了解消费者的购买行为、偏好等信息，以便优化产品和营销策略。

线上电商平台适合各类有实体产品销售需求的创新创业项目，尤其是消费品类项目。例如，一家生产创意家居用品的创业公司，通过电商平台可以将产品展示给消费者，突破地域限制，快速扩大市场。表 5-1 为该公司的创意家居用品在几个综合性电商平台的销售数据。

表 5-1　某创业公司的创意家居用品在电商平台的销售数据

指标	淘宝平台	京东平台	拼多多平台
月访问量/人次	50 万	30 万	40 万
月销量/件	10 000	8 000	12 000
客单价/元	80	100	60
好评率	95%	93%	96%

2. 社交媒体

社交媒体平台如微信、微博、抖音、小红书等在当今社会拥有广泛的用户群体，成为创新创业项目进行品牌推广和营销的重要渠道。其特点如下。

① 互动性强：用户可以与品牌方进行实时互动，创业者则能够及时了解用户的反馈和需求，增强用户黏性。

② 精准营销：通过平台的算法和广告投放工具，创业者能够根据用户的兴趣、年龄、地域等特征进行精准的广告推送，增强营销效果。

③ 内容传播快：优质的内容可以在短时间内迅速传播，形成话题热点，提高品牌知名度。

社交媒体渠道适合各类希望打造品牌形象、与消费者建立情感连接的创新创业项目。比如一家新兴的美妆品牌，通过在小红书上发布精美的产品试用笔记、在抖音上进行直播带货等方式，吸引了大量年轻女性消费者的关注。表 5-2 展示了该品牌在社交媒体平台的营销数据。

表 5-2　某美妆品牌在社交媒体平台的营销数据

指标	微信公众号	微博	抖音	小红书
粉丝数量/人	5 万	8 万	15 万	10 万
月发布内容阅读量/次	10 万	15 万	50 万	30 万
月互动量（点赞、评论、分享总数）/次	2 万	3 万	8 万	5 万
月带货销售额/元	50 万	30 万	80 万	60 万

3. 搜索引擎

搜索引擎营销（SEM）主要包括搜索引擎优化（SEO）和付费搜索广告，如百度竞价排名等。搜索引擎有以下特点。

① 针对性强：用户通过搜索引擎输入关键词进行搜索，表明其对相关产品或服务有一定的兴趣。创业者通过分析相关数据，可以了解目标用户需求。

② 提高网站流量：优化网站内容和结构，提高在搜索引擎中的排名，可吸引更多的自然流量；付费搜索广告则可以快速提高网站在搜索结果中的曝光量。

这一渠道适合各类希望提高网站知名度、获取潜在客户的创新创业项目。例如一家提供在线教育课程的创业公司，通过优化网站关键词、投放付费搜索广告，实现了当用户搜索“编程培训课程”等关键词时，公司网站能够在搜索结果中靠前显示，从而吸引用户点击进入。表 5-3 为该公司的搜索引擎营销相关数据。

表 5-3　某在线教育公司搜索引擎营销数据

指标	SEO 自然流量（月访问量）/人次	百度竞价排名广告（月访问量）/人次	广告转化率
数据	2 万	3 万	10%

4. 线下展会活动

行业展会、创业展会等线下活动为创新创业项目提供了与潜在客户、合作伙伴面对面交流的机会。其特点如下。

① 直观展示：通过实物展示、现场演示等方式，让参观者直观地了解产品或服务的特点和优势。

② 建立人脉：与行业内的专家、企业、投资者等建立联系，拓展业务合作机会。

③ 品牌宣传：在展会上设置独特的展位、举办活动等，提升品牌的知名度和影响力。

这种营销渠道适合各类需要展示实体产品、技术成果的创新创业项目，以及希望拓展行业人脉、寻求合作的项目。比如一家研发新型智能硬件的创业公司，通过参加科技展会，向行业内人士展示产品的功能和创新性，吸引了潜在客户和投资机构的关注。表 5-4 展示了其相关数据。

表 5-4　某智能硬件创业公司参加展会数据

展会名称	参展成本/元	参观人数/人次	收集潜在客户信息/条	达成合作意向/个
某科技展会	5 万	5 000	200	5
某创业展会	3 万	3 000	150	3

5. 整合运用方法

创新创业项目在实际营销过程中，应根据项目特点、目标市场和营销目标，合理运用多种营销渠道。

① 线上、线下结合：例如一家经营特色美食的创业餐厅，可以通过线上电商平台进行外卖业务推广，利用社交媒体发布餐厅环境、菜品特色等信息以吸引顾客，同时在线下举办美食节活动、参加餐饮行业展会，提升品牌知名度和影响力。

② 注重内容营销：在不同的营销渠道中，都要注重内容的创作和传播。以一家文化创意类创新创业项目为例，创业者通过在社交媒体上发布有趣的创意作品、在电商平台上展示产品背后的文化故事等，吸引消费者的关注，提高品牌的文化内涵。

③ 数据驱动决策：利用各营销渠道提供的数据信息，分析不同渠道的营销效果，根据数据反馈调整营销策略。例如，如果发现某电商平台的转化率较高，就可以加大在该平台的投入；如果在某社交媒体平台的互动量较低，就可以优化内容形式和发布时间。

通过多元化的营销渠道拓展和资源整合运用，创新创业项目能够更全面地覆盖目标市场，提高品牌知名度和产品销量，实现可持续发展。不同的营销渠道各有优劣势，创业者需要根据自身实际情况，灵活选择和组合使用，发挥各渠道的优势，以达到最佳的营销效果。

5.2 品牌建设与传播策略

在当今竞争激烈的商业环境中，品牌建设与传播策略的制定与执行是企业塑造独特品牌形象、提升品牌价值的核心要点。打造一套全面、系统、精准有效的品牌建设与传播体系，需要企业从品牌定位、形象塑造、价值传递、传播渠道整合、市场反馈收集等多个维度发力。这个体系应涵盖品牌理念、品牌形象设计、传播渠道策略、营销传播整合、品牌危机管理以及品牌实践平台等多个版块，以全方位提升企业品牌的知名度、美誉度和忠诚度，增强品牌在市场中的影响力和竞争力。

一、品牌定位与形象塑造

在创新创业的激烈竞争环境中，品牌定位与形象塑造是项目成功的关键因素。品牌定位犹如项目的内在灵魂，决定了品牌在市场中的位置和方向；而品牌形象是品牌的外在表现，是消费者对品牌的直观感受和认知。准确的品牌定位与独特的品牌形象塑造，不仅能帮助创新创业项目从众多竞争对手中脱颖而出，还能建立起与目标市场的深度连接，赢得消费者的信任和忠诚度。

品牌定位对于创新创业项目具有至关重要的意义。

首先，品牌定位有助于明确目标市场。通过精准的品牌定位，创业者能够清晰地界定项目所针对的特定消费群体，了解他们的需求、偏好和消费习惯，从而有针对性地开发产品和提供服务。以一家新兴的运动服饰品牌为例。通过市场调研发现，城市年轻白领群体对时尚且舒适的运动装备有较高需求，且他们注重品牌所传达的积极生活态度。于是，该品牌将目标市场定位为这一群体，围绕他们的需求进行产品设计和品牌传播。

其次，品牌定位能够塑造独特的品牌个性。在竞争激烈的市场中，千篇一律的品牌很难吸引消费者的关注。独特的品牌定位可以使品牌在消费者心目中树立起与众不同的形象，形成差异化竞争优势。例如，一家主打环保理念的美妆品牌，在众多追求奢华和功效的美妆品牌中，以环保、天然的品牌定位脱颖而出，吸引了那些注重环保、追求自然美的消费者。

再次，品牌定位有助于建立品牌与消费者之间的情感连接。当品牌定位与消费者的价值观、生活方式相契合时，消费者会对品牌产生认同感，从而更加愿意购买和支持该品牌。比如，一家以“为孤独的灵魂提供温暖陪伴”为定位的线上社交平台吸引了许多渴望情感交流和陪伴的用户。他们在使用平台的过程中，感受到了品牌所传递的温暖和关怀，进而对品牌产生了深厚的情感。

那么，创新创业项目该如何进行品牌定位呢？深入挖掘项目的核心价值是确定品牌定位的第一步。项目的核心价值是品牌定位的基石，它体现了项目的独特优势和存在意义。以一家专注于研发智能健康监测设备的创业公司为例，其核心价值在于利用先进的技术为用户提供精准、便捷的健康监测服务，帮助用户更好地管理自己的健康。

在明确核心价值后，需要结合目标市场的特点进行品牌定位。目标市场的需求、偏好、消费能力等因素都会影响品牌定位。例如，目标市场是追求高品质生活的高端消费者，品牌定位可以侧重高端、奢华、专业；目标市场是年轻的时尚消费者，品牌定位则可以更加注重时尚、个性、创新。

根据项目核心价值和目标市场特点塑造独特的品牌形象是品牌定位的重要延伸。品牌形象包括品牌名称、品牌标志、包装、广告宣传语等多个方面。

品牌名称是品牌形象的重要组成部分。一个好的品牌名称应该简洁易记、富有个性且能够准确传达品牌的核心价值或定位。例如，“字节跳动”这个品牌名称简洁有力：“字节”是数字信息的基本单位，与其在互联网和数字技术领域的业务紧密相关，“跳动”则给人一种充满活力和创新的感觉，很好地传达了其创新精神和积极向上的形象。

品牌标志是品牌的视觉象征，能够直观地传达品牌的个性和特色。苹果公司的标志是一个简洁的被咬掉一口的苹果图案。被咬掉的一口不仅增加了标志的独特性，还寓意着创新和探索精神，与苹果公司追求创新、引领科技潮流的品牌定位相契合。

包装也是塑造品牌形象的重要环节。精美的包装设计可以吸引消费者的注意，提升品牌的档次。例如，一家高端护肤品品牌，其产品包装采用简洁而优雅的设计风格，使用高品质的材料，传递出奢华、精致的品牌形象，与目标市场对高品质产品的期望相符合。

广告宣传语则是品牌形象的语言表达，能够直接传达品牌的核心价值和定位。例如，耐克的“Just Do It”，简洁有力地表达了耐克勇于挑战、积极行动的品牌精神，成为品牌的标志性宣传语，深深地印在了消费者的心中。

下面结合具体案例分析不同品牌定位与形象塑造的成功之处。

以小米公司为例，小米的品牌定位是“为发烧而生”，目标市场主要是追求高性价比的年轻消费者群体。小米通过提供高性能、低价格的产品，满足了目标市场对性价比的需求。在品牌形象塑造方面，小米采用简洁、科技感十足的品牌标志，给人一种专业、创新的感觉。其广告宣传语“感动人心，价格厚道”直接传达了品牌的核心价值，即提供让消费者满意的产品，同时保持亲民的价格。小米还通过线上、线下相结合的营销方式，举办各种粉丝活动，与消费者建立了紧密的联系，进一步强化了品牌在消费者心目中的形象。

喜茶将其品牌定位为“灵感之茶”，目标市场是年轻时尚、追求品质生活的消费者。喜茶提供创新的茶饮产品，如将传统茶饮与新鲜水果、芝士等元素相结合，打造出独特的口味。在品牌形象塑造上，喜茶的店铺设计采用时尚、简约的风格，营造出舒适、惬意的消费环境。其早期品牌标志以简洁的线条勾勒出可爱的手持茶饮的人物侧脸形象，给人一种清新、活泼的感觉。喜茶还通过社交媒体进行大量的品牌推广，发布精美的产品图片和有趣的互动内容，吸引了众多年轻消费者的关注，成功塑造了时尚、创新的品牌形象。

江小白打破了传统白酒品牌的定位模式，将目标市场定位为年轻的消费群体。其品牌定位是“青春小酒”，以表达年轻人的情感和生活态度为核心价值。在品牌形象塑造方面，江小白的包装采用简洁的瓶身，搭配富有情感的文案，如“我是江小白，生活很简单”等，引发了年轻消费者的情感共鸣。江小白还通过举办各种与年轻人生活相关的活动，如音乐节、主题派对等，进一步强化了品牌在年轻消费者心目中的青春、活力形象。

综上所述，品牌定位与形象塑造对于创新创业项目至关重要。准确的品牌定位能够帮助项目明确目标市场、塑造独特个性、建立情感连接；而独特的品牌形象塑造则能使品牌在消费者心目中留下深刻的印象。创新创业项目在进行品牌定位与形象塑造时，要深入挖掘项目的核心价值，结合目标市场的特点，以品牌名称、品牌标志、包装、广告宣传语等多个方面，打造与众不同的品牌形象。通过成功的品牌定位与形象塑造，创新创业项目能够在激烈的市场竞争中脱颖而出，赢得消费者的认可和支持，实现可持续发展。

二、品牌传播渠道与内容创作

在创新创业的旅程中，品牌传播是让项目从默默无闻走向大众视野的关键一步。选择合适的传播渠道并创作有吸引力的内容，能够有效提升品牌知名度、美誉度，建立与消费者的紧密联系。以下将详细分析适合创新创业项目的品牌传播渠道以及相应的内容创作要点，并通过案例展示其特点及效果。

（一）品牌传播渠道

1. 广告投放

广告投放是品牌传播中最为直接和常见的方式之一，能够快速提升品牌的曝光度。常见的广告投放渠道包括电视、网络视频平台、户外场所、搜索引擎等。不同的广告投放渠道具有不同的特点和受众群体，因此广告在内容上也需要有针对性。

电视广告具有广泛的覆盖面和强大的影响力，能够触及各个年龄段和地域的观众。以一家新兴的智能家居品牌为例，其在电视广告内容创作上突出了产品的便捷性和智能化生活场景。广告中展示了忙碌一天的上班族回到家，通过手机一键控制灯光、窗帘、空调等设备，轻松享受舒适的家居环境。画面采用温馨、明亮的色调，配合轻快的音乐，传递出智能家居为生活带来的便利与美好。这种广告内容能够吸引广大消费者的关注，尤其是对生活品质有追求的家庭群体，有效提升了品牌在大众市场的知名度。

网络视频广告则更具针对性和互动性，能够根据用户的兴趣、行为等进行精准投放。例如一家专注于美妆产品的创业公司，在网络视频平台上投放的广告内容以产品试用和效果展示为主。该公司邀请知名美妆博主进行产品试用，通过前后对比的方式展示产品的遮瑕、持久度等效果，并分享使用心得和技巧。同时，广告中设置互动环节，鼓励观众留言、点赞、分享，参与抽奖活动。这种内容形式不仅能够吸引目标受众的关注，还能通过互动增强用户黏性，增强品牌的传播效果。

户外广告具有较高的曝光率和视觉冲击力，适合在特定区域和场所进行品牌宣传。以一家新开业的创意餐厅为例，其在餐厅周边的公交站台、地铁站等人流量较大的地方投放户外广告。广告画面以餐厅的特色菜品和独特的装修风格为主题，采用鲜艳的色彩和夸张的设计手法，吸引路人的目光。广告文案突出餐厅的创意理念和独特口味，如“独特创意美食，开启味蕾新旅程”，引导消费者前来体验。户外广告的投放有效提升了餐厅在周边区域的知名度，吸引了大量潜在顾客。

搜索引擎广告能够精准触达有相关需求的潜在客户。以一家提供在线英语培训课程的创业公司为例，该公司在搜索引擎上投放的广告内容围绕用户的搜索关键词展开。广告标题突出课程的优势和特点，如“专业外教一对一，快速提升英语水平”。广告描述中详细介绍课程内容、师资力量、学习效果等信息，并提供免费试听链接。当用户在搜索引擎中输入“英语培训课程”等相关关键词时，该广告能够在搜索结果中优先展示，吸引用户点击进入官网了解详情，从而提高了品牌的曝光度和转化率。

2. 公关活动

公关活动是塑造品牌良好形象的重要手段。常见的公关活动包括新闻发布会、新品发布会、公益活动、行业研讨会等。在公关活动中，内容创作主要体现在活动策划、新闻稿撰写、现场展示等方面。

新闻发布会和新品发布会是向媒体和公众展示品牌新产品、新战略的重要平台。以一家科技创业公司推出新款智能手表为例。该公司的新品发布会注重营造科技感和神秘感。活动现场布置采用富有未来感的设计风格，通过灯光、音效等营造出沉浸式的体验氛围。在产品展示环节，该公司详细介绍了智能手表的创新功能，如健康监测、智能交互等，并邀请专业人士进行现场演示和讲解。撰写的新闻稿突出了产品的创新性和市场价值，吸引媒体的关注和报道。新品发布会和后续的媒体传播有效提升了品牌的知名度和产品的市场关注度。

公益活动能够提升品牌的社会责任形象和美誉度。以一家环保创业公司为例，该公司组织了一场以“保护地球，绿色出行”为主题的公益活动。活动内容包括在城市公园举办环保知识讲座、组织志愿者进行垃圾分类宣传和清理等。在活动宣传中，该公司强调品牌的环保理念和行动，通过社交媒体、新闻媒体等渠道发布活动照片、视频和新闻稿，展示品牌积极参与公益事业的形象。这种公益活动不仅能够为社会做出贡献，还能赢得公众的认可和好感，提升品牌的形象和声誉。

行业研讨会则为品牌提供了与行业专家、企业交流合作的机会，有助于提升品牌在行业内的影响力。以一家人工智能领域的创业公司为例，参加行业研讨会时，公司创始人发表主题演讲，分享公司在人工智能技术研发和应用方面的成果和经验。演讲内容围绕行业热点和趋势展开，提出具有创新性的观点和解决方案，展示公司的技术实力和行业前瞻性。同时，该公司在研讨会现场设置展示区展示公司的产品和技术应用案例，吸引参会者的关注和交流。通过参与行业研讨会，该公司提升了在行业内的知名度和影响力，为公司的业务拓展和合作奠定了基础。

3. 口碑营销

口碑营销是通过消费者之间的口口相传，形成品牌的良好声誉和影响力。在互联网时代，口碑营销的传播速度快、范围广，常见的方式包括用户评价、社交媒体分享、网红推荐等。在口碑营销中，内容创作主要依赖用户的真实体验和分享，但品牌也可以通过引导和激励用户来促进口碑传播。

用户评价是口碑营销的重要组成部分。以一家在线旅游平台为例，该平台通过提供优质的服务和丰富的旅游产品，鼓励用户在完成旅行后进行评价和分享。该平台设置了多种奖励机制，如积分、优惠券等，激励用户撰写详细、真实的评价。用户在评价中分享了自己的旅行经历、景点推荐、服务体验等内容。这些真实的评价能够为其他潜在用户提供参考，提升品牌的可信度和吸引力。同时，平台对用户评价进行筛选和展示，将优质评价展示在首页等显眼位置，进一步提升品牌的口碑。

社交媒体分享能够快速扩大品牌的传播范围。以一家新兴的美食公司为例，该公司通过在社交媒体上发布精美的品牌美食图片、视频和有趣的文案，吸引用户的关注。该公司鼓励用户在品尝美食后拍照分享到社交媒体，并使用特定的话题标签。例如，该公司发起“美食打卡挑战”活动，用户分享美食照片并@品牌官方账号，就有机会参与抽奖。这种方式激发了用户的参与热情。用户的分享内容在社交媒体上迅速传播，吸引了更多潜在消费者的关注，提升了品牌的知名度和影响力。

网红推荐也是口碑营销的有效方式。以一家美妆创业公司为例，该公司与美妆领域的网红合作，邀请网红试用其品牌产品并进行推荐。网红根据自己的使用体验，在社交媒体上发布产品评测视频、图文笔记等内容，分享产品的优点和使用效果。网红的推荐具有较大的影响力，能够吸引其粉丝的关注和购买。同时，该公司与网红合作开展互动活动，如抽奖、问答等，进一步增强用户的参与度和品牌的传播效果。

4. 事件营销

事件营销是通过策划、组织或参与具有新闻价值的事件，吸引媒体和公众的关注，从而提升品牌知名度和美誉度。事件营销的关键在于选择或创造与品牌理念和目标受众相契合的事件，并通过巧妙的内容创作和传播，将品牌与事件紧密结合。

以一家运动品牌公司为例，该公司赞助了一场知名的马拉松赛事。在赛事期间，该公司通过多种方式进行内容创作和传播。设计了与赛事主题相关的宣传海报和广告，突出品牌对运动精神的支持和倡导。在赛事现场设置品牌展示区，展示品牌产品，并安排专业人员为参赛选手和观众提供运动装备咨询和试用服务。同时，邀请知名运动员作为品牌代言人，在赛事现场与选手和观众互动，分享运动经验和品牌故事。此外，通过社交媒体平台发布赛事现场的精彩瞬间、运动员的风采以及品牌的参与情况，引发用户的关注和讨论。借助马拉松赛事的影响力和传播力，该运动品牌成功提升了品牌知名度和在运动爱好者群体中的影响力。

再如，一家科技创业公司举办了一场以“科技创新，引领未来”为主题的科技峰会，邀请了行业内的专家、学者、企业家等参加，共同探讨科技发展趋势和创新应用。在峰会策划过程中，围绕品牌的核心技术和产品，设计了一系列的演讲、论坛和展示环节。公司创始人在峰会上发表主题演讲，介绍公司的创新理念和技术成果，展示品牌在科技领域的领先地位。同时，该公司通过新闻媒体、行业网站等渠道发布峰会的相关信息和报道，吸引了行业内外的广泛关注。通过举办科技峰会，该公司不仅提升了品牌在科技行业的知名度和影响力，还为公司的技术交流、合作拓展和人才吸引创造了良好的机会。

（二）内容创作要点

要想创作有吸引力的传播内容需要把握以下要点。

首先，传播内容要紧扣品牌核心价值。品牌核心价值是品牌的灵魂。传播内容应围绕品牌的核心价值展开，传播品牌的独特优势和理念。例如，一家以环保为核心价值的公司，其传播内容应突出品牌产品的环保材料、可持续生产方式以及对环境保护的贡献等方面。

其次，传播内容要有针对性。传播渠道和目标受众不同，传播内容也有差异。例如，针对年轻消费者的社交媒体内容可以更加时尚、有趣，互动性强；针对专业人士的行业研讨会内容则需要更加专业、深入，有前瞻性。

再次，传播内容要注重情感共鸣。能够触动消费者情感的内容更容易被消费者记住和传播。通过讲述品牌故事、展示用户案例等方式，引发消费者的情感共鸣，让消费者与品牌建立起情感连接。例如，一家以关爱儿童成长为理念的企业，可以通过讲述受助儿童的故事，传递品牌的爱心，打动消费者的内心。

最后，传播内容要具备创新性。创新的内容更容易吸引消费者的关注。独特的创意、新颖的形式、有趣的互动等能让传播内容脱颖而出。例如，采用虚拟现实、增强现实等新技术手段制作广告内容，或者开展创意十足的互动活动，增强品牌传播的效果。

创新创业项目在品牌传播过程中，要根据自身特点和目标选择合适的传播渠道，并结合渠道特点和目标受众需求，创作有吸引力、有针对性、能引发情感共鸣且具备创新性的传播内容。通过有效的品牌传播渠道与内容创作，提升品牌的知名度、美誉度和影响力，为项目的发展奠定坚实的基础。

三、品牌维护与危机处理

在创新创业的漫长征程中，品牌维护与危机管理是确保项目持续发展、赢得消费者长期信任的关键环节。品牌维护犹如精心呵护一棵幼苗，使其茁壮成长，成为参天大树；危机处理则像是在暴风雨中为大树遮风挡雨，确保其根基稳固。

品牌维护的重要性不言而喻。首先，它是品牌形象一致性和稳定性的保障。在消费者心中，品牌代表着特定的价值、品质和形象。保持品牌形象的一致性，能让消费者在不同场景下都能准确识别和感知品牌，形成稳定的品牌认知。以可口可乐为例，其经典的红色包装、独特的标志以及“畅爽开怀”的品牌理念，多年来始终保持一致。无论是在电视广告、街头海报上还是在超市货架上，消费者看到这些熟悉的元素，都能立刻联想到可口可乐的快乐、有活力的品牌形象。这种一致性和稳定性有助于消费者建立对品牌的信任，使他们成为品牌的忠实拥趸。

其次，品牌维护有助于提升品牌价值。一个注重品牌维护的企业，会不断提升产品质量，优化服务水平，积极履行社会责任。这些努力会使品牌在消费者心中的美誉度不断提高，进而提升品牌的市场价值。例如，苹果公司一直以来注重产品的设计、性能和用户体验，同时在环保、隐私保护等方面积极作为。通过长期的品牌维护，苹果品牌不仅在全球拥有大量忠实用户，其品牌价值也在不断攀升，成为全球最具价值的品牌之一。

再次，有效的品牌维护能够抵御市场竞争的冲击。在激烈的市场竞争中，竞争对手可能会通过各种手段来诋毁或削弱其他品牌的形象。而强大的品牌维护体系有助于及时发现并化解这些威胁，保护品牌的市场地位。例如，一些知名品牌会密切关注市场动态和消费者反馈，及时发现不良竞争对手的恶意攻击或不实信息，并迅速采取法律手段或公关措施进行回应，维护品牌的声誉。

那么，在日常运营中如何保持品牌形象的一致性和稳定性呢？

第一，严格把控产品和服务质量。产品和服务是品牌的核心载体，其质量直接关系到品牌形象。创新创业项目要建立完善的质量管理体系，从原材料采购、生产加工到售后服务，确保每一个环节都符合品牌的标准和承诺。以海底捞为例，海底捞以优质的服务著称。顾客从进门的那一刻起，就能享受到贴心的服务，如免费的小吃、美甲服务等。在菜品质量上，海底捞严格把关，确保新鲜、安全。通过对产品和服务质量的严格把控，海底捞在消费者心中树立了良好的品牌形象，在竞争激烈的餐饮市场中保持着较高的知名度和美誉度。

第二，保持品牌传播的一致性。品牌传播是向消费者宣传品牌形象的重要途径，要确保在不同渠道、不同形式的传播中品牌信息的一致性。这包括品牌名称、标志、广告宣传语、品牌故事等方面的统一。例如，小米公司在各种广告、宣传活动以及社交媒体上始终强调“为发烧而生”的品牌理念，通过简洁、科技感十足的品牌标志和广告宣传语，向消费者宣传小米品牌追求高性价比、勇于创新的形象。

第三，积极维护品牌的网络声誉。在互联网时代，消费者的评价和反馈能够迅速传播，对品牌形象产生重大影响。创新创业项目要重视网络口碑管理，及时关注社交媒体、电商平台等渠道上的用户评价，对于正面评价要积极回应和感谢，对于负面评价要诚恳道歉并及时解决问题。例如，某公司在电商平台上收到消费者对其品牌产品的投诉后，立即安排客服人员与消费者沟通，了解问题所在，并迅速为消费者提供解决方案。同时，将处理结果在平台上公开，向其他消费者展示公司对问题的重视和解决问题的决心，从而维护了品牌的网络声誉。

然而，即使是受到精心维护的品牌，也可能面临各种危机。当品牌危机发生时，快速、有效的处理至关重要。

首先，要建立危机预警机制。要监测和分析市场动态、消费者反馈、行业趋势等信息，及时发现潜在的危机信号。例如，某食品企业通过对原材料供应商的监控，发现部分原材料可能存在质量问题，于是及时启动危机预警机制，对相关产品进行封存和检测，避免了可能出现的食品安全危机。

其次，在危机发生时，要迅速做出回应。要保持坦诚和透明，及时向消费者、媒体和合作伙伴通报危机的情况和处理进展。以某品牌汽车召回事件为例，当发现部分车型存在安全隐患后，该品牌汽车公司立即发布召回公告，向消费者说明原因、影响范围以及解决措施。同时，通过媒体发布会、官方网站等渠道，及时更新召回进展情况，赢得了消费者的理解和信任。

再次，要积极采取措施解决危机。针对危机的根源，要制定切实可行的解决方案，尽快消除危机对品牌的负面影响。例如，某化妆品品牌因产品质量问题引发消费者投诉后，所属企业立即停止该产品的生产和销售，对已售出的产品进行召回，并对问题产品进行检测和整改。同时，加强生产环节的质量控制，邀请权威机构进行检测认证，向消费者证明解决问题的决心和能力。

最后，危机过后要进行总结和反思。要分析危机产生的原因，总结经验和教训，完善品牌管理体系，防止类似危机再次发生。例如，某企业在经历一次公关危机后，对企业的内部管理、沟通机制、品牌传播策略等方面进行全面反思和调整，建立了更加完善的危机管理预案，提升了应对品牌危机的能力。

以三鹿奶粉事件为例，三鹿集团在面对奶粉中含有三聚氰胺的重大危机时，初期未能及时、有效地做出回应，导致危机影响迅速蔓延，品牌声誉遭受重创。肯德基在面对“苏丹红”事件时，迅速采取措施，主动召回涉事产品，向消费者道歉，并加强食品安全管理，通过积极的危机处理，逐渐恢复了消费者对品牌的信任。

综上所述，品牌维护与危机处理对于创新创业项目至关重要。在日常运营中，创业者要通过严格把控产品和服务质量、保持品牌传播一致性、维护网络声誉等措施，保持品牌形象的一致性和稳定性。在面临危机时，要建立预警机制，迅速回应，积极解决问题，并在危机过后进行总结反思。只有这样，创新创业项目才能在激烈的市场竞争中，守护好品牌这一宝贵资产，实现可持续发展。

5.3 创新创业项目的市场推广与效果评估

在创业的征程中，新创业项目的市场推广与效果评估是决定项目能否成功立足市场、实现长远发展的关键步骤。创业者需要从目标市场定位、推广策略制定、资源整合运用、市场动态把握、推广效果反馈等多个角度出发，打造一套行之有效、以结果为导向的市场推广与效果评估体系。整个体系应涵盖市场调研、推广渠道选择、营销活动策划、品牌传播策略、数据分析与评估以及实战推广平台等多个方面，以增强创业者对创业项目的市场推广能力以及精准评估推广效果的能力，助力创业项目在竞争激烈的市场环境中迅速打开局面，稳步迈向成功。

一、市场推广计划制定

创新创业项目的市场推广计划是项目走向市场、获得成功的关键蓝图。一份完善且切实可行的推广计划有助于推动项目前进，提高品牌知名度，增加产品或服务的销量，最终实现项目的商业目标。市场推广计划需涵盖目标设定、策略选择、资源分配等多个关键环节，且要紧密结合项目自身实际情况。

目标设定是市场推广计划的基石。明确、可衡量的目标为整个推广活动指明方向。目标设定需遵循 SMART 原则，即具体（Specific）、可衡量（Measurable）、可实现（Attainable）、相关（Relevant）、有时限（Time-bound）。以一家新成立的在线教育平台为例，其目标市场定位为准备职业资格考试的在职人士。其目标不能仅仅表述为“提高平台知名度”，因为这样的目标过于宽泛模糊。其目标应具体，如“在接下来的 3 个月内，将平台在目标市场中的知名度提高 20%，吸引 1 000 名新用户注册，使付费课程的销售额达到 50 万元”。这样的目标明确具体，可通过统计新用户注册数量、销售额数据等进行衡量，同时结合平台的资源和市场情况，具有可实现性，与项目的业务紧密相关，并设定了 3 个月的明确时限。

再如一家主打环保餐具的创业公司，其目标设定为“在半年内，让产品在本地市场的占有率达到 10%，通过与 50 家餐饮企业建立合作关系，提升品牌在环保领域的美誉度”。这一目标同样符合 SMART 原则，明确了市场范围（本地市场）、时间期限（半年）、可衡量的指标（市场占有率、合作企业数量）以及与项目的相关性（提升品牌在环保领域美誉度与环保餐具项目契合）。

选择策略是实现推广目标的路径，需综合考虑项目特点、目标市场和预算等因素。不同类型的创新创业项目，因其产品或服务特性、目标受众的差异，应选择不同的推广策略。

对于科技类创新创业项目，如一家研发新型智能穿戴设备公司的目标市场为对科技敏感、追求时尚的消费者，其推广策略可侧重与线上科技媒体合作、举办产品体验活动以及社交媒体营销。线上与知名科技媒体合作，发布产品评测、技术解读等内容，借助媒体的专业影响力和广泛受众，提升产品的信任度。举办产品体验活动，邀请科技爱好者、行业专家等参与，让他们亲身体验产品的功能和优势，通过口碑传播扩大品牌影响力。利用社交媒体平台，发布产品宣传视频、用户案例等内容，与消费者进行互动，吸引潜在客户。

对于文化创意类项目，如一家制作原创动画的创业团队的目标受众主要是动漫爱好者，其推广策略可聚焦参加动漫展会、与知名动漫博主合作以及开展线上互动活动。参加各类动漫展会，设置独特的展位展示动画作品，举办声优见面会、动画首映等活动，吸引动漫爱好者的关注。与动漫领域的知名博主合作，邀请他们对动画进行推荐和解读，借助博主的粉丝基础和影响力，扩大作品的传播范围。开展线上互动活动，如动画角色设计大赛、剧情创意征集等，激发粉丝的参与热情，增强粉丝与品牌之间的黏性。

对于餐饮类创新创业项目，以一家新开业的特色火锅店为例，其推广策略可采用线下活动结合线上营销的方式。线下在店铺周边发放传单、举办开业优惠活动，吸引周边居民和过往行人的注意；与周边企业、社区合作，开展团购、外卖等业务，扩大客户群体。线上通过美食推荐平台、社交媒体发布店铺环境、菜品特色等信息，吸引消费者前来就餐。

资源分配是推广计划顺利实施的保障。合理分配人力、物力和财力资源，能使每一项推广策略都得到有效执行。资源分配需根据推广目标和策略的优先级进行。

以某在线教育平台的资源分配方式为例。在人力方面，安排市场调研人员负责收集目标市场信息，了解竞争对手和潜在客户需求；安排营销策划人员制定推广活动方案；安排客服人员及时解答用户咨询，处理用户反馈。在物力方面，准备宣传资料，如课程介绍手册、宣传海报等；搭建线上推广平台，确保网站和移动应用的稳定运行。在财力方面，根据不同推广渠道的效果和预算，合理分配资金。例如，将40%的预算用于搜索引擎广告投放，以获取精准流量；将30%的预算用于社交媒体营销，提升品牌知名度和与用户互动；将20%的预算用于与教育行业媒体合作，进行品牌宣传和课程推广；将10%的预算用于举办线下推广活动，如讲座、体验课等。

另一个例子是一家环保餐具创业公司的资源分配方式。在人力方面，安排销售人员与餐饮企业进行商务洽谈，建立合作关系；安排市场推广人员负责组织线下推广活动；安排设计人员优化产品包装和宣传资料。在物力方面，准备产品样品、宣传展板等。在财力方面，将35%的预算用于参加行业展会，展示产品优势，拓展客户资源；将30%的预算用于与环保组织合作，开展公益活动，提升品牌美誉度；将20%的预算用于线上广告投放，吸引潜在客户；将15%的预算用于制作宣传资料和举办小型推广活动。

制订切实可行的市场推广计划，还需结合项目的发展阶段。在项目的初创期，推广目标可能侧重提高品牌知名度，让更多人了解产品或服务。此时，创业者可选择成本较低、覆盖面广的推广渠道，如社交媒体、线上论坛等。随着项目的发展，进入成长期，推广目标可转向增加用户量和提高销售额，此时可加大对搜索引擎营销、线下活动等的投入。到了项目成熟期，推广重点则是维护品牌形象，保持市场份额，可通过品牌合作、公益活动等方式提升品牌的美誉度。

以共享出行项目为例。在项目初创期，创业者通过社交媒体、线上线下的活动进行品牌宣传，吸引用户注册。在项目成长期，加大广告投放力度，与商家合作开展优惠活动，吸引更多用户，提高市场占有率。在成熟期，开展环保公益活动，强调品牌的社会责任，提升品牌形象，巩固用户群体。

制订市场推广计划时，要精准设定目标，根据项目特点和目标市场选择合适的推广策略，并合理分配资源。同时，要根据项目的发展阶段和市场变化，灵活调整推广计划，确保计划的可行性和有效性。通过科学合理的市场推广计划，创新创业项目能够更好地进入市场，实现商业目标，在激烈的市场竞争中取得成功。

二、推广活动执行与监控

市场推广活动的成功不仅依赖精心的策划，也依赖精准的执行与有效的监控。这两个环节共同推动创新创业项目的市场推广目标的实现。下面将深入探讨推广活动的具体执行过程以及实时监控方法，并通过案例分析关键环节，说明如何确保活动顺利开展并依据监控结果灵活调整策略。

推广活动的执行阶段涉及多个紧密相连的步骤。每一步都对活动的最终效果产生重要影响。

筹备工作是执行的基础，需确保各项资源准备就绪。以一家科技类创业公司举办新品发布会为例。在人力方面，该公司提前组建专业的工作团队，包括活动策划人员、主持人、技术支持人员、接待人员等，并明确各成员的职责分工。策划人员负责把控整体流程，主持人要熟悉产品特点和活动环节以引导现场节奏，技术支持人员保障演示设备、网络等正常运行，接待人员热情迎接嘉宾并提供周到的服务。在物力上，该公司精心挑选交通便利、设施完备且符合品牌形象的场地；选择能够清晰展示产品的功能和优势的展示设备，如高清大屏幕、实物展示台等；制作宣传资料（包括精美的产品手册、海报、宣传单页等），确保内容准确且吸引人。在财力方面，合理规划预算（涵盖场地租赁、设备租赁、宣传物料制作、嘉宾邀请等各项费用），确保资金分配合理，避免出现预算超支或资源浪费的情况。

活动预热是吸引目标受众关注的重要手段。该科技公司通过多种渠道进行预热宣传。线上利用社交媒体平台发布新品预告海报、短视频，展示产品的部分亮点和发布会的关键信息，引发用户的好奇心和讨论。同时，向公司的老用户、潜在客户发送邮件，详细介绍发布会的主题、时间、地点以及参与福利。线下在公司周边、目标客户集中的区域张贴海报、发放传单，提高活动的曝光度。通过多渠道的预热，吸引了大量潜在客户的关注，为发布会的成功奠定了良好的基础。

在活动进行过程中，严格按照预定计划有序推进是关键。在新品发布会上，各环节应紧密衔接。该科技公司在开场环节通过精彩的视频展示公司的发展历程和创新理念，迅速吸引观众的注意力。在产品展示环节，技术人员详细介绍新品的功能、性能、设计理念等，并进行现场演示，让观众直观感受产品的优势。互动环节设置提问、抽奖等活动，增强观众的参与感和积极性。在整个过程中，工作人员密切配合，及时处理各种突发情况，确保活动顺利进行。

推广活动的实时监控同样不可或缺，它能让创业者及时了解活动的进展情况，发现问题并及时调整策略。

建立多维度的监控指标体系是活动监控的核心。以电商平台的促销活动为例，在流量指标方面，活动页面的访问量、独立访客数等能反映活动的曝光程度和潜在的客户数量。转化率指标包括加购率、下单率、支付成功率等，可以衡量活动对用户购买行为的影响。用户行为指标如用户在活动页面的停留时间、浏览路径等，有助于分析用户对活动内容的兴趣点和参与度。通过对这些指标的实时监测，创业者能够全面了解活动的效果。

利用数据分析工具可以实现实时数据跟踪。电商平台通常具备强大的数据分析后台，能够实时生成各种数据报表。运营人员可以随时查看数据变化趋势，及时发现异常情况。例如，某一时间段内活动页面的访问量突然下降，可能是因为推广渠道出现问题或活动内容缺乏吸引力；若下单率较低，运营人员可能需要检查商品价格、促销规则等是否合理。

根据监控结果及时调整策略是确保活动达到预期目标的重要手段。若发现某个推广渠道的引流效果不佳，可及时调整投放策略，如更换渠道、优化广告内容等。若发现某款商品的销量未达预期，可考虑加大促销力度，如增加优惠券发放数量、降低价格等。

下面通过一个具体案例分析推广活动执行与监控的关键环节。

某文化创意类创业公司推出一款新的原创漫画作品，为提高作品的知名度和影响力，策划了一系列推广活动。

在执行过程中，筹备工作细致入微。该公司组建了专业的推广团队，包括市场推广人员、漫画作者、设计师等。市场推广人员负责活动策划和对外沟通，漫画作者参与宣传内容创作以确保作品特色得以准确传达，设计师精心设计宣传海报、周边产品等。该公司还准备了丰富的宣传物料，如精美的漫画单行本样书、海报、徽章等周边产品。同时，合理安排各项预算，确保了各项活动有充足的资金支持。

在活动预热阶段，该公司通过多种渠道进行宣传。在社交媒体平台上发布漫画的精彩片段、角色设定等内容，吸引粉丝关注并引发讨论。与动漫领域的知名博主合作，邀请他们提前阅读漫画并进行推荐，借助博主的影响力扩大宣传范围。举办线上预约活动，承诺用户预约成功后可在作品正式发布时获得独家福利，提高用户的参与度。

在活动进行期间，该公司举办了线下漫画签售会和线上直播活动。签售会现场布置富有漫画特色，营造出浓厚的氛围。漫画作者与粉丝亲切互动，为粉丝签名、解答问题，增强了粉丝的黏性。线上直播活动邀请作者分享作品创作背后的故事。

第六章 创新创业融资与财务管理

6.1 创新创业项目的融资途径与策略

创新创业融资至关重要，它能解决项目启动与发展的资金难题，为技术研发、设备购置、团队建设、市场推广等提供资金保障，助力项目从创意走向市场，同时还能引入外部资源与经验，提升项目成功率，是创新创业项目顺利推进并取得成功的关键因素。

一、创新创业项目的融资途径

创新创业项目的融资途径丰富多样，常见的有以下几种。

1. 自有资金支持

① 个人储蓄：创业者利用自己多年积累的存款作为创业启动资金。这种方式无须支付利息或出让股权，创业者可完全掌控资金使用方式，但资金量相对有限，适用于项目初期的小规模投入，如一些小型创意工作室、个人网店等初始阶段的运营资金筹集。

② 企业留存收益：对于已经成立并有一定盈利的企业，可将部分利润留存下来，用于企业的再发展和新项目的拓展。这种方式可避免债务和股权稀释，但前提是企业自身盈利能力较强，且有足够资金留存。

2. 债务融资

最常见的债务融资方式，有以下几种具体途径。

① 银行贷款：一般有抵押贷款、信用贷款、担保贷款等形式。

抵押贷款：创业者以房产、土地、设备等固定资产作为抵押物，向银行申请贷款。这种方式降低了银行风险，贷款额度通常较高，但创业者需承担抵押物被处置的风险，且办理手续较为复杂，需要对抵押物进行评估等。

信用贷款：基于企业的信用状况、经营业绩、财务报表等综合因素，银行给予一定额度的无抵押贷款。信用贷款审批相对严格，对企业的信用评级要求较高，适合信用良好、经营稳健的企业。

担保贷款：由第三方担保机构或个人为企业的贷款提供担保。当企业无法按时偿还贷款时，担保方需承担还款责任。这种贷款方式降低了银行的信贷风险，使一些缺乏抵押物但有发展前景的企业也能获得资金支持，不过担保机构可能会收取一定的担保费用。

② 发行债券：规模较大、信用等级较高的企业可通过发行债券来筹集资金。

债券发行需要经过严格的审批程序。企业需向投资者承诺在一定期限内还本付息。债券融资可以是公募发行，面向社会公众投资者，也可以是私募发行，面向特定的机构投资者或高净值个人。这种融资方式成本相对较低，且不会稀释企业股权。

③ 供应链金融：企业基于与上下游企业的业务往来，利用应收账款、订单、存货等资产进行融资。例如，企业可将应收账款转让给保理公司，提前获得资金；或以存货作为质押，向银行申请贷款；还可以凭借与核心企业的订单，向金融机构申请订单融资。这种融资方式将企业的资金需求与供应链上的交易活动紧密结合，有效缓解了企业的资金压力。

3. 股权融资

① 天使投资：天使投资者通常是富有的个人，他们对具有创新性和高成长潜力的初创企业进行早期投资，换取企业的股权。天使投资金额相对较小，一般在数十万元到数百万元之间，但天使投资者往往能为企业提供宝贵的行业经验、人脉资源以及战略指导，对初创企业的发展起到关键的推动作用。天使投资适合处于种子期、初创期，产品或服务尚处于研发或初步市场推广阶段的项目。

② 风险投资：风险投资机构主要关注企业的成长性和市场潜力，对处于成长期的企业进行投资，帮助企业快速扩大市场份额、加大研发投入、优化团队结构等。风险投资的金额通常较大，从数百万元到数千万元甚至上亿元不等。投资机构会积极参与企业的经营管理，通过提供专业的管理团队、市场渠道、技术资源等，助力企业实现快速发展。风险投资适合已完成产品开发、初步市场验证，进入快速成长阶段，有明确盈利模式和发展战略的企业。

③ 私募股权：私募股权基金主要用于投资成熟期企业。这些企业已经具备稳定的盈利能力和良好的市场地位。私募股权投资机构通过收购股权或增资扩股的方式，为企业提供资金支持，帮助企业进行战略重组、并购整合、优化资本结构等，以实现企业的规模化扩张和价值提升，投资金额一般较大。私募股权适合已经进入成熟期，有明确的上市计划或并购重组需求的企业。

④ 股权众筹：借助互联网平台，创业者向众多投资者展示项目创意和商业计划，吸引他们通过小额投资换取企业一定比例的股权。股权众筹具有门槛低、参与人数多、资金来源广泛的特点，能够快速聚集资金，但也存在投资者管理难度大、股权分散等问题，适合处于早期发展阶段，项目具有新颖性和吸引力，需要快速筹集启动资金且能够承受股权分散风险的创新创业项目。

4. 政府扶持资金

① 科技项目专项资金：政府为鼓励科技创新，设立了各类科技项目专项资金，如国家自然科学基金、国家高技术研究发展计划（863 计划）、国家科技支撑计划等。创业者可根据项目的科技含量、创新性、社会价值等因素，申报相应的科技项目，获得资金支持。这些资金通常具有无偿性或低息性，但申报过程较为严格，需要经过专家评审、立项审批等环节。

② 创业补贴与奖励：各地政府为促进创业就业，出台了一系列创业补贴和奖励政策，包括创业场地租金补贴、创业培训补贴、一次性创业补贴、创业带动就业

奖励等。创业者可根据自身情况，向当地人力资源和社会保障部门或相关创业服务机构申请，获取资金支持，缓解创业初期的资金压力。

③ 产业引导基金：政府为了引导产业发展，设立产业引导基金，与社会资本合作，共同投资符合当地产业发展规划的重点领域和关键环节。产业引导基金通常具有政策导向性，会对投资的项目和企业有一定的要求，如产业类型、技术水平、市场前景等。创业者若符合相关条件，可获得产业引导基金的支持，同时还能借助政府的资源和平台，拓展市场渠道，提升企业知名度。

5. 其他融资途径

① 知识产权质押融资：企业以拥有的专利权、商标权、著作权等知识产权作为质押物，向银行或其他金融机构申请贷款。这种方式将企业的无形资产转化为资金，拓宽了企业的融资渠道。但由于知识产权的评估和处置相对复杂，金融机构在开展此类业务时较为谨慎，对企业的知识产权质量和市场价值要求较高。

② 融资租赁：企业根据自身生产经营需要，向融资租赁公司租赁设备等固定资产，在租赁期内支付租金，在租赁期满后可选择购买设备或续租。融资租赁能够使企业快速获得所需的设备，无须一次性支付大量资金，缓解了企业的资金压力，同时由于租赁费用可在税前扣除，具有一定的税收优势，适合有设备购置需求但资金紧张的企业。

③ 典当融资：企业将有价值的物品或财产权利作为当物质押给典当行，获取一定比例的资金，在约定的期限内偿还本息并赎回当物。典当融资具有手续简便、资金到账快的特点，但融资成本相对较高，且当物的处置风险较大，适合急需短期资金且有合适当物的企业。

④ 民间借贷：企业或创业者向个人、非金融机构等民间资金提供者借款。民间借贷形式灵活，资金来源广泛，但利率相对较高，且存在一定的法律风险和信用风险，如借贷双方的权利和义务约定不明确、借款人违约等，需要谨慎对待，确保借贷行为合法合规。

创新创业项目融资是项目顺利启动和持续发展的关键，它能为项目提供必要的资金支持，解决从技术研发到市场推广等各环节的资金需求，助力企业在激烈的市场竞争中快速成长，是推动创新创业项目走向成功的核心动力。

二、创新创业项目的融资策略

创新创业项目的融资策略是确保项目顺利推进的关键环节。以下是一些常见的融资策略。

1. 明确融资目标与需求

创业者需深入了解项目的各个阶段，从产品研发、市场推广到团队建设等，详细评估所需资金。例如，一个软件开发项目，要明确前期研发所需的技术人员薪资、软件测试费用、服务器租赁成本等，避免资金过度筹集或不足。

在明确了融资规模后，创业者应清晰地向投资者阐述资金的具体用途，如用于产品升级、市场拓展、生产设备购置等。这能让投资者更清楚地了解资金流向，增强其投资信心。比如，一家餐饮企业计划融资开设新门店，需详细说明新门店的选址、装修、设备采购、人员招聘等各项费用预算。

2. 优化融资结构

根据项目的发展阶段和风险承受能力，创业者应平衡股权融资和债务融资的比例。在项目初期，可适当增加股权融资比例，引入天使投资或风险投资，获取资金的同时还能借助投资者的资源和经验。随着项目逐渐成熟，可逐步增加债务融资比例，如银行贷款、债券发行等，以降低融资成本，同时避免过度稀释股权。

在实际创业过程中，创业者不要局限于单一的融资渠道，要积极拓展多种融资途径。除了常见的股权融资和债务融资外，还可考虑申请政府扶持资金、众筹、知识产权质押融资等。例如，一个科技型创业项目，除了争取风险投资外，还可申报科技项目专项资金，同时利用自身的专利技术进行质押融资，通过多渠道筹集资金，提高融资成功率。

3. 精心准备融资材料

商业计划书是向投资者完整展示项目的重要文件，要确保内容翔实、逻辑清晰、数据准确。它应包括项目概述、市场分析、产品或服务介绍、商业模式、团队构成、财务预测、资金需求与使用计划、风险分析与应对策略等。一份出色的商业计划书能让投资者快速了解项目的核心价值和发展潜力。如某人工智能创业项目的商业计划书中详细阐述了其技术优势、应用场景、市场前景以及与竞争对手的差异等内容，成功吸引了多家投资机构的关注。

在向投资者进行融资演示时，创业者要准备精美的 PPT、产品原型或演示视频等材料。PPT 应突出项目的关键信息和亮点，避免过多的文字堆砌，通过图表、图片等形式直观展示相关内容。产品原型或演示视频能让投资者更直观地感受产品的功能和用户体验，增强投资吸引力。例如，一家智能家居创业企业，在融资演示中通过视频展示了其智能设备的便捷操作和与其他家居设备互联互通的功能，给投资者留下了深刻印象。

4. 与投资者建立良好的关系

创业者应根据项目的行业特点、发展阶段和融资需求，筛选出潜在的投资者。对于早期项目，可重点寻找天使投资者、早期风险投资机构；对于成熟期项目，可考虑私募股权投资机构、产业投资机构等。同时，还可关注与项目相关的上下游企业、战略合作伙伴等，因为他们可能出于产业协同或战略布局的考虑进行投资。

创业者可通过参加行业展会、创业大赛、投资论坛等活动，主动与潜在投资者建立联系，进行面对面的沟通交流。在沟通过程中，要清晰地表达项目的优势和投资价值，认真倾听投资者的意见和建议，及时解答他们的疑问。此外，还可定期向已接触的投资者发送项目进展报告、行业动态等信息，与其保持良好的互动，增进彼此的了解和信任。比如，一家新能源汽车企业在参加行业展会期间，与多家投资机构进行了深入交流，展示了其最新研发的电池技术和车辆性能，吸引了多家机构的进一步考察和投资意向。

5. 强化项目自身竞争力

在竞争激烈的市场环境下，项目的创新性和独特性是吸引投资者的关键因素。

创业者要不断挖掘项目的创新点，如技术创新、商业模式创新等，并在融资过程中重点突出这些优势。例如，一家基于区块链技术的供应链金融创业项目，通过创新的区块链应用模式，解决了传统供应链金融中的信任问题和信息不对称问题，吸引了众多投资者的目光。

此外，一个专业、高效、有凝聚力的创业团队是项目成功的重要保障，也是投资者关注的重点。团队成员应具备丰富的行业经验、专业技能和创业精神，且分工明确、协作默契。在融资过程中，创业者要向投资者展示团队的实力和优势，如团队成员的过往成功案例、专业背景、行业资源等，增强投资者对项目的信心。比如，一家互联网金融创业团队的核心成员曾在国内知名金融机构担任高管，具有丰富的金融业务经验和风险管理能力，这使得该项目在融资时更具竞争力。

6. 制定合理的估值策略

创业者在融资过程中，合理的项目估值至关重要。创业者要综合考虑项目的市场前景、技术含量、团队实力、财务状况等因素，采用多种估值方法，如市盈率法、市净率法、现金流折现法等，对项目进行科学合理的估值。同时，要与投资者进行充分沟通，了解他们的估值预期，寻求双方都能接受的估值水平。例如，一家处于成长期的互联网企业，根据其用户增长速度、市场份额、盈利能力等因素，采用市盈率法进行估值，并与投资机构进行了多轮谈判，最终确定了双方认可的估值。

创业者在融资的不同阶段，应根据市场环境、项目进展和投资者需求，灵活调整估值策略。在项目初期，由于风险较高，估值相对较低；随着项目的不断发展和成熟，估值应逐步提高。此外，在市场行情好、投资者竞争激烈时，可适当提高估值；反之，在市场低迷或融资难度较大时，可适当降低估值，以吸引投资者。比如，在一轮融资中，由于多家投资机构对项目表现出浓厚兴趣，创业者在综合考虑项目发展和市场情况后，适当提高了估值，最终成功完成了融资。

6.2 财务管理基础与预算编制

财务管理是企业管理的核心环节，它通过对资金的筹集、分配和使用进行科学规划与有效管控，确保企业资金的合理流动与高效利用，为企业决策提供精准的数据支持，帮助企业优化资源配置、降低运营成本、提升经济效益，从而增强企业的市场竞争力和抗风险能力，保障企业的稳健发展与长远规划的顺利实现。

财务管理基础主要包括以下几个方面的内容。

一、财务知识与技能

1. 会计核算技能

财务人员应掌握会计基本原理和方法，如会计科目、借贷记账法、会计凭证和账簿的处理等，能够准确记录企业的经济业务，为财务分析和决策提供基础数据。例如，了解如何通过会计分录记录销售收入、成本支出等业务，确保财务信息的真实性和完整性。

2. 财务报表分析能力

财务人员应熟悉资产负债表、利润表和现金流量表等财务报表的编制和解读方法，能够从财务报表中提取关键信息，分析企业的财务状况、经营成果和现金流量情况，为企业的经营决策提供依据。比如，通过分析资产负债率、流动比率等指标，评估企业的偿债能力和财务风险；通过分析毛利率、净利率等指标，了解企业的盈利能力。

3. 预算编制与控制技能

财务人员应具备编制全面预算的能力，包括销售预算、生产预算、成本预算、费用预算和现金预算等，能够根据企业的战略目标和经营计划，合理预测各项财务指标，并在执行过程中进行有效的预算控制，确保企业各项支出在预算范围内，提高资金使用效率。例如，通过制定详细的销售预算，明确各产品线和销售区域的销售目标，为企业的销售活动提供指导，并在实际销售过程中与预算进行对比分析，及时调整销售策略。

二、财务信息质量

1. 真实性

财务数据要真实反映企业的经济活动和财务状况。这要求企业建立健全的内部控制制度，规范会计核算流程，加强对财务数据的审核和监督，防止财务造假行为的发生。例如，通过定期的内部审计和外部审计，对企业的财务数据进行检查和验证，确保财务信息真实可靠。

2. 准确性

财务数据的计算和记录要准确无误，避免因计算错误、数据录入错误等原因导致财务信息失真。这需要财务人员具备严谨的工作态度和扎实的专业技能，熟练掌握财务软件和办公软件的操作方法，提高数据处理的准确性和效率。比如，在编制财务报表时，要仔细核对各项数据的计算公式和逻辑关系，确保报表数据的准确性。

3. 完整性

财务信息应全面涵盖企业的各项经济业务和财务活动，不遗漏任何重要信息。这要求企业建立完善的财务核算体系，对企业的所有业务流程进行财务跟踪和记录，确保财务信息的完整性。例如，财务人员要对投资活动、融资活动和经营活动等进行详细的财务核算和记录，以保证财务信息准确、完整。

三、财务制度与规范

1. 国家财经法规

财务人员应熟悉并遵守国家的会计法、税法、公司法等财经法律法规，确保企业的财务活动合法合规。这些法律法规为企业财务管理提供了基本的法律框架和行为准则。企业必须在法律法规允许的范围内进行财务运作，否则将面临法律风险和经济处罚。例如，企业要按照税法规定正确计算和缴纳各项税费，避免偷税漏税行为的发生。

2. 企业内部财务制度

企业应根据自身的经营特点和管理要求，制定一套完善的内部财务制度，包括财务审批制度、资金管理制度、成本费用控制制度、资产管理制度等，从而规范企业的财务行为和经济活动。这些内部财务制度是企业财务管理的具体操作指南，能够提高财务管理水平和工作效率，加强企业内部的财务监督和风险控制。例如，通过建立严格的财务审批制度，明确各项费用的审批权限和流程，可以防止费用的不合理支出。

四、财务人员素质

1. 专业素养

财务人员应具备扎实的财务专业知识和丰富的实践经验，能够熟练运用财务管理工具和方法，解决企业财务实际问题。同时，要不断学习和更新知识，跟上财务领域的最新发展动态，如新的会计准则、税收政策等，以适应企业财务管理的需要。例如，财务人员要熟悉各种财务软件的功能和操作，提高财务工作效率和质量。

2. 职业道德

财务人员要具备良好的职业道德，坚守诚信、客观、公正的原则，保守企业商业秘密，不利用职务之便谋取私利。在工作中，要以企业利益为重，如实反映企业的财务状况和经营成果，为企业的决策提供真实、可靠的财务信息。例如，财务人员在处理财务数据时，要保持客观公正的态度，不受外界因素的干扰，确保财务信息的真实性和准确性。

五、预算编制方法

财务管理中的预算编制是企业财务规划的重要组成部分，它通过预测和规划未来的收入与支出，帮助企业实现财务目标。以下是预算编制的主要方法。

1. 固定预算

固定预算又称静态预算，是指把企业预算期的业务量固定在某一预计水平上，并以此为基础来确定其他项目预计数的方法。这种方法适用于预计业务量与实际业务量相一致（或相差很小）的情况。

这种方法的优点是简单明了，易于理解和操作，缺点是过于呆板，可比性差，当实际业务量与预算业务量发生较大差异时，预算指标的实际数与预算数会失去可比性。

2. 弹性预算

弹性预算是在按照成本（费用）习性分类的基础上，根据量、本、利之间的依存关系，考虑到计划期间业务量可能发生的变动，编制出一套适应多种业务量的费用预算的方法。

弹性预算的预算范围宽，可比性强，适用于与预算执行单位业务量有关的成本（费用）、利润等预算项目。不过，其编制过程较为复杂，需要对成本习性有深入的了解。

3. 增量预算

增量预算是指以基期成本费用水平为基础，结合预算业务量水平及有关降低成本的措施，通过调整原有费用项目而编制预算的方法。

这种预算方法简单，易于操作，不过以过去的水平为基础，可能保留不合理的费用开支，形成预算上的浪费。

4. 零基预算

零基预算是指在编制预算时，对于所有的预算支出均以零点为基础，不考虑其以往情况如何，从实际需要与可能出发，研究分析各项预算费用开支是否必要合理，进行综合平衡，从而确定预算费用的方法。

此预算方法不受现有条条框框限制，能压缩资金开支，提高资金使用效率，不过缺点是工作量较大，编制预算需要较长的时间。

5. 定期预算

定期预算是指在编制预算时，以不变的会计期间（如季度、年度等）作为预算期的一种编制预算的方法。

这种方法便于将实际数与预算数进行对比，有利于对预算执行情况进行分析和评价，但也有盲目性、不变性、间断性，以及难以适应市场变化等缺点。

6. 滚动预算

滚动预算，又称连续预算，是指在编制预算时，将预算期与会计期间脱离开，随着预算的执行不断地补充预算，逐期向后滚动，使预算期始终保持为 12 个月的方法。

滚动预算的优点是克服了定期预算的盲目性、不变性和间断性，能够更好地适应市场变化，与日常管理紧密结合。缺点是编制工作量较大，需要不断更新和调整。

六、预算编制步骤

1. 预算准备

收集历史财务数据、市场预测信息以及内部管理目标等资料，为预算编制提供依据。明确预算编制的政策、程序和时间表，确保预算编制工作的顺利进行。

2. 预算编制

各部门根据预算准备阶段的信息，编制本部门的预算草案，包括收入预算、成本费用预算、资本支出预算等。在编制过程中，需要充分考虑市场变化、政策调整等因素的影响，确保预算的合理性和可行性。预算草案完成后，提交给财务部门汇总，形成企业的总预算草案。

3. 预算审批

企业的总预算草案需经过管理层的审议和批准。在审议过程中，管理层会对预算的合理性、可行性进行评估，必要时提出修改意见。预算获得批准后，正式进入预算执行与控制阶段。

4. 预算执行与控制

在预算执行过程中，企业通过定期的预算执行情况分析，监控预算执行的进度和效果，及时发现并解决预算执行中的问题，确保预算目标的实现。

七、预算编制的注意事项

1. 确保数据准确

企业通过建立健全数据采集、审核和更新机制，确保预算数据真实、可靠。

2. 注重预算协同

企业内部各部门之间的预算协同至关重要。各部门之间通过预算协同，确保企业整体预算的一致性和可行性。

3. 强化预算培训

企业应加强员工的预算意识，增强其预算编制能力。可定期开展预算培训，增强员工对预算编制的理解和执行力。

4. 优化预算流程

企业要不断优化预算编制流程，提高预算编制效率，通过信息化手段，实现预算编制的自动化、智能化。

通过以上方法和步骤，企业可以有效地进行财务预算编制，确保资源的合理配置和财务目标的实现。

6.3 成本控制与盈利能力分析

成本控制在创业项目中具有极其重要的意义，它直接关系到企业的生存与发展。通过有效的成本控制，企业能够在有限的资源下实现更高的盈利水平，从而在激烈的市场竞争中脱颖而出。成本控制不仅有助于降低产品或服务的价格，增强市场竞争力，还能优化资源利用，避免浪费，提高资源使用效率。在市场环境不稳定或经济形势不佳时，良好的成本控制能力能够使企业更好地应对风险，保持财务稳健，增强企业的抗风险能力。此外，持续的成本控制还能为企业积累更多的资金，用于研发、创新和市场拓展，为企业的长期可持续发展提供坚实保障。因此，成本控制不仅是财务管理的重要组成部分，也是企业战略规划的关键环节，对企业的整体发展具有深远影响。

一、创新创业项目中的成本控制方法

1. 制订详细的预算计划

① 编制预算：在项目启动前，制订详细的预算计划，预算应涵盖所有预期的支出，包括固定成本（如租金、工资等）和变动成本（如原材料费用等）。

② 定期对比分析：周期性地将实际支出与预算进行对比，及时调整偏差，确保成本控制在合理范围内。

③ 保持预算灵活性：预算计划应根据实际情况和市场变化动态调整，保持一定的灵活性，以应对突发事件。

2. 优化资源配置

① 善用兼职人员或外包服务：对于非核心业务，如设计、文案等，使用兼职

人员或将其外包给专业团队，按项目付费，比长期雇佣全职员工成本低。

② 按需租赁设备：对于使用频率不高的大型设备，选择租赁而非购买，既能满足需求又节省资金。

③ 选择性价比高的办公场地：不盲目追求高大上的写字楼，创业园区、共享办公空间租金相对较低且能满足基本需求。

3. 精简团队

创业者在创业初期应按照业务实际需求招聘员工，避免人员冗余增加人力成本，可安排一人多岗。减少员工数量，可以降低薪酬和福利开支。

4. 优化采购和生产流程

① 多对比供应商：在采购设备和物资时，多对比不同供应商的价格、质量，通过货比三家来挑选最优选项，争取用最少的钱买到最合适的东西。

② 优化生产流程：通过优化生产流程，减少浪费和损耗，提高效率并减少成本。例如，优化供应链管理、减少库存积压、降低废品率等。

5. 节约能源和资源

安装节能设备，通过节约能源和资源，可以降低日常运营成本。例如，安装节能空调、合理使用水资源、采用可循环使用的包装等。

6. 精打细算的市场营销

在市场营销方面，创业者要精打细算，谨慎选择投入的方式和渠道，进行精准营销。不要盲目地追求大规模的广告宣传，而是要针对目标客户群体进行精准营销，提高营销效果并降低营销成本。

7. 灵活调整策略

在创业过程中，创业者要根据实际情况灵活调整策略，以便更好地控制成本。例如，在市场需求下降时，可以适当减少产量或调整产品线；在原材料价格上涨时，可以寻找替代材料或调整采购策略。

8. 监控和分析成本

创业者应定期监控和分析成本数据，了解哪些方面存在开支过高或浪费的现象。通过数据分析，可以找出成本控制的瓶颈和潜力，并采取相应的措施进行改进。

9. 寻求外部支持

在创业过程中，创业者可以寻求外部支持来降低成本。例如，申请政府补贴、参加创业孵化器项目、与合作伙伴共享资源等。这些支持可以帮助创业者降低初期投入和运营成本。

10. 树立成本意识

创业者要在整个团队中树立成本意识，让每个员工都明白成本控制的重要性。通过培训和激励措施，鼓励员工提出节约成本的建议和方法。

通过以上方法，创业者可以更有效地控制成本，确保企业长期稳定发展。

二、创新创业项目盈利能力分析

盈利能力是评估创新创业项目成功与否的关键指标之一，需要从多方考量和权衡。

1. 市场需求分析

① 市场容量与增长率：了解目标市场的容量和增长率，评估项目的市场潜力。如果市场容量大且增长迅速，那么项目更有可能获得较高的收入。例如，智能家居市场近年来增长迅速，为相关项目提供了广阔的市场空间。

② 目标客户群体：明确目标客户群体，了解他们的需求和购买行为，有助于制定精准的营销策略，提高市场渗透率。例如，针对年轻消费者开发的智能家居设备，可以通过社交媒体和线上广告进行精准推广。

③ 市场趋势：关注市场趋势，确保项目的产品或服务符合市场发展方向，避免因市场变化而失去竞争力。例如，随着物联网技术的发展，用户对智能家居系统的需求不断增加。

2. 成本和收入预测

① 成本结构：详细分析项目的成本结构，包括固定成本（如租金、工资、设备折旧等）和变动成本（如原材料、营销费用等）。基于成本分析，降低不必要的开支，增强盈利能力。例如，通过租赁设备而非购买，节省大量资金。

② 收入预测：基于市场需求分析，预测项目的收入；考虑不同的销售场景，如最佳情况、最坏情况和一般情况，确保收入预测的合理性。例如，通过市场调研，预估智能家居系统的销售量和单价，计算出预计的销售收入。

3. 利润分析

① 盈亏平衡点：计算项目的盈亏平衡点，即收入等于总成本的点。这有助于确定项目需要达到的最低销售量，确保不亏损。例如，通过计算固定成本和变动成本，确定智能家居项目的盈亏平衡点。

② 毛利率和净利率：计算毛利率（毛利润/营业收入）和净利率（净利润/营业收入），评估项目的盈利能力。高毛利率和净利率表明项目有较强的盈利能力。例如，智能家居系统的毛利率和净利率可以反映其在市场上的竞争力。

4. 风险评估

① 市场风险：市场需求变化、竞争对手的行动、行业趋势等都可能影响项目的盈利能力。市场调研和竞争分析有助于创业者提前识别和应对这些风险。例如，分析竞争对手的产品特点和市场份额，以制定相应的竞争策略。

② 财务风险：资金不足、成本控制不当、资金链断裂等财务问题可能对项目造成严重影响。企业应建立健全的财务管理制度，合理规划资金运作，确保财务稳健。例如，制订详细的预算计划，定期对比实际支出与预算，及时调整偏差。

③ 运营风险：团队建设、供应链管理、技术更新等方面的运营问题也可能影响项目的盈利能力。企业应优化流程，引入先进的管理工具，提高运营效率。例如，通过优化供应链管理，减少库存，降低废品率。

5. 持续创新与市场拓展

① 产品创新：不断推出符合市场需求的新产品或服务，保持项目的竞争力；通过研发投入，提升产品的技术含量和附加值。例如，智能家居系统可以通过不断

更新软件功能，提升用户体验。

② 市场拓展：通过市场推广和品牌建设，扩大市场份额；利用多种营销渠道，如社交媒体、线上广告等，提高产品的知名度和曝光度。例如，通过参加行业展会和举办线上推广活动，提升品牌知名度。

6. 财务管理

① 预算管理：制订详细的预算计划，定期对比实际支出与预算，及时调整偏差，确保成本控制在合理范围内。例如，每月或每季度制订详细预算计划，严格执行并定期复盘。

② 成本控制：通过优化资源配置、精简团队、节能降耗等措施，降低运营成本。例如，选择性价比高的办公场地，减少不必要的开支。

③ 资金管理：建立备用金制度，确保资金充足，以应对突发情况；合理规划资金的筹集和使用，提高资金使用效率。例如，通过多种筹资方式，如银行贷款、风险投资和众筹，确保资金充足。

通过以上盈利能力分析，创业者可以全面评估项目的盈利能力，制定有效的策略，确保项目的可持续发展。

第七章 创新创业支持与社会责任

7.1 创新创业政策及相关法律法规概述

党的二十大报告提出“必须坚持科技是第一生产力、人才是第一资源、创新是第一动力”。创新创业是国家发展之根，是民族振兴之魂。当今时代，全球新一轮科技革命和产业变革正在兴起，知识更新和技术创新速度明显加快，各国纷纷调整发展战略，更加注重创新驱动和教育的作用。推进大众创业、万众创新，是发展的动力之源，是富民之道、公平之计、强国之策，对于推动经济结构调整、打造发展新引擎、增强发展新动力、走创新驱动发展道路具有重要意义。深入推进学校创新创业教育改革，事关教育改革发展，事关国家全局和民族未来，需要国家与各级政府、学校、企事业单位和广大师生的共同努力。

政府是对大学生创业和就业的支持力量。国家出台了一系列鼓励大学生创业的政策法规，很多地方政府也出台了鼓励、扶持大学生创业的政策法规，在国家的政策法规的基础上细化措施，对大学生创业就业产生了很大的推动作用。近年来我国政府在营造鼓励和支持大学生创业、服务创业的公共环境方面做了大量的工作，包括培养创新人才、开设创新创业教育课、提供免费创业服务、强化创新创业实践、给予创业税收优惠、提供创业担保贷款和贴息、免收行政事业性收费、给予培训补贴、取消毕业生落户限制等。

一、国家创业就业扶持政策

1.《国务院办公厅关于发展众创空间推进大众创新创业的指导意见》

2015 年 3 月，国务院办公厅发布《国务院办公厅关于发展众创空间推进大众创新创业的指导意见》，部署推进大众创业、万众创新工作。该《意见》指出，推进大众创新创业要坚持市场导向、加强政策集成、强化开放共享、创新服务模式，并提出重点抓好八个方面的任务。

（1）加快构建众创空间。

（2）降低创新创业门槛。

（3）鼓励科技人员和大学生创业。

（4）支持创新创业公共服务。

（5）加强财政资金引导。

（6）完善创业投融资机制。

（7）丰富创新创业活动。

（8）营造创新创业文化氛围。

2.《国务院关于进一步做好新形势下就业创业工作的意见》

2015年4月，国务院发布《国务院关于进一步做好新形势下就业创业工作的意见》，提出了五个方面的政策措施。

（1）深入实施就业优先战略。

① 坚持扩大就业发展战略。

② 发展吸纳就业能力强的产业。

③ 发挥小微企业就业主渠道作用。

④ 积极预防和有效调控失业风险。

（2）积极推进创业带动就业。

① 营造宽松便捷的准入环境。

② 培育创业创新公共平台。

③ 拓宽创业投融资渠道。

④ 支持创业担保贷款发展。

⑤ 加大减税降费力度。

⑥ 调动科研人员创业积极性。

⑦ 鼓励农村劳动力创业。

⑧ 营造大众创业良好氛围。

（3）统筹推进高校毕业生等重点群体就业。

① 鼓励高校毕业生多渠道就业。

② 加强对困难人员的就业援助。

③ 推进农村劳动力转移就业。

④ 促进退役军人就业。

（4）加强就业创业服务和职业培训。

① 强化公共就业创业服务。

② 加快公共就业服务信息化。

③ 加强人力资源市场建设。

④ 加强职业培训和创业培训。

⑤ 建立健全失业保险、社会救助与就业的联动机制。

⑥ 完善失业登记办法。

（5）强化组织领导。

① 健全协调机制。

② 落实目标责任制。

③ 保障资金投入。

④ 建立健全就业创业统计监测体系。

⑤ 注重舆论引导。

3.《国务院办公厅关于深化高等学校创新创业教育改革的实施意见》

2015年5月，国务院办公厅发布《国务院办公厅关于深化高等学校创新创业教育改革的实施意见》。该《意见》分为总体要求、主要任务和措施、加强组织领导三个部分。主要任务和措施有以下几点。

（1）完善人才培养质量标准。

（2）创新人才培养机制。

（3）健全创新创业教育课程体系。

（4）改革教学方法和考核方式。

（5）强化创新创业实践。

（6）改革教学和学籍管理制度。

（7）加强教师创新创业教育教学能力建设。

（8）改进学生创业指导服务。

（9）完善创新创业资金支持和政策保障体系。

4.《国务院关于大力推进大众创业万众创新若干政策措施的意见》

2015年6月，国务院出台了《国务院关于大力推进大众创业万众创新若干政策措施的意见》。这是推动大众创业、万众创新的系统性、普惠性政策。该意见从九大领域30个方面明确了政策措施。

（1）创新体制机制，实现创业便利化。

（2）优化财税政策，强化创业扶持。

（3）搞活金融市场，实现便捷融资。

（4）扩大创业投资，支持创业起步成长。

（5）发展创业服务，构建创业生态。

（6）建设创业创新平台，增强支撑作用。

（7）激发创造活力，发展创新型创业。

（8）拓展城乡创业渠道，实现创业带动就业。

（9）加强统筹协调，完善协同机制。

5.《国务院关于加快构建大众创业万众创新支撑平台的指导意见》

2015年9月，国务院发布《国务院关于加快构建大众创业万众创新支撑平台的指导意见》。这是对大力推进大众创业万众创新和推动实施“互联网+”行动的具体部署，是加快推动众创、众包、众扶、众筹等新模式、新业态发展的系统性指导文件。以下是对意见中相关内容的总结。

（1）推进放管结合，完善市场准入制度，建立健全监管制度，创新行业监管方式，优化提升公共服务，促进开放合作发展。

（2）完善市场环境，加快信用体系建设，深化信用信息应用，完善知识产权环境。

（3）强化内部治理，提升平台治理能力，加强行业自律规范，保障网络信息安全。

（4）优化政策扶持，落实财政支持政策，实行适用税收政策，创新金融服务模式，深化科技体制改革，繁荣创业创新文化，鼓励地方探索先行。

6.《国务院办公厅关于进一步支持大学生创新创业的指导意见》

2021年9月，国务院办公厅发布《国务院办公厅关于进一步支持大学生创新创业的指导意见》。以下是对该文件相关内容的总结。

（1）大学生是大众创业万众创新的生力军。支持大学生创新创业具有重要意义。要以习近平新时代中国特色社会主义思想为指导，全面贯彻党的教育方针，落实立德树人根本任务，立足新发展阶段、贯彻新发展理念、构建新发展格局，坚持创新引领创业、创业带动就业，提升人力资源素质，实现大学生更加充分更高质量就业。

（2）要深化高校创新创业教育改革，将创新创业教育贯穿人才培养全过程，建立以创新创业为导向的新型人才培养模式。强化高校教师创新创业教育教学能力和素养培训，改革教学方法和考核方式。加强大学生创新创业培训，打造一批高校创新创业培训活动品牌。完善中国国际“互联网+”大学生创新创业大赛可持续发展机制，鼓励各学段学生积极参赛。坚持政府引导、公益支持，支持行业企业深化赛事合作。

（3）要加强大学生创新创业服务平台建设，优化大学生创新创业环境。鼓励各类孵化器面向大学生创新创业团队开放一定比例的免费孵化空间。提升大众创业万众创新示范基地带动作用，深入实施创业就业“校企行”专项行动。完善成果转化机制，做好大学生创新项目的知识产权确权、保护等工作，加快落实以增加知识价值为导向的分配政策。加大对创业失败大学生的扶持力度，鼓励有条件的地方探索建立大学生创业风险救助机制。加强大学生创新创业信息服务，及时收集国家、区域、行业需求，为大学生精准推送行业和市场动向等信息。加强宣传引导，总结推广各地区、各高校的好经验、好做法。

（4）要加强对大学生创新创业的财税扶持和金融政策支持。加大中央高校教育教学改革专项资金支持力度。落实落细减税降费政策，做好纳税服务，强化精准支持。将高校毕业生个人最高贷款额度提高至20万元，对10万元以下贷款、获得设区的市级以上荣誉的高校毕业生创业者免除反担保要求；对高校毕业生设立的符合条件的小微企业，最高贷款额度提高至300万元；降低贷款利率，简化贷款申报审核流程，提高贷款便利性，支持符合条件的高校毕业生创业就业。鼓励金融机构按照市场化、商业可持续原则对大学生创业项目提供金融服务，解决大学生创业融资难题。引导创新创业平台投资基金和社会资本参与大学生创业项目早期投资与投智。

（5）教育部要会同有关部门加强协调指导，督促支持大学生创新创业各项政策的落实。地方各级人民政府要加强组织领导，积极研究制定和落实支持大学生创新创业的政策措施，及时帮助大学生解决实际问题。

二、苏州市创业就业扶持政策

1.《关于进一步做好新形势下创业就业工作的实施意见》

2015年9月，苏州市人民政府印发《关于进一步做好新形势下创业就业工作的实施意见》，以下是对该文件相关内容的总结。

（1）创新政策举措，进一步优化创业环境。

① 拓宽创业融资渠道。将苏州市小额担保贷款调整为苏州市创业担保贷款，增加创业担保贷款基金规模。降低创业贷款申请门槛，对信用良好的创业者经综合评估可取消反担保，简化担保手续。提高代偿效率，制定创业担保贷款呆坏账核销管理办法，规定核销条件和程序。

② 扩大创业引导性资金使用范围。对创业孵化基地给予建设补贴和租金补贴的基础上，拓展购买社会创业孵化服务，对认定的创业孵化基地按实际孵化成功（在基地内注册登记并孵化成功搬离基地后继续经营6个月以上）的企业数，给予创业孵化补贴。将社会创业孵化基地的补贴政策拓展到符合条件的高校创业孵化载体。

③ 建立市场化创业培训机制。

④ 探索高校、科研院所等事业单位专业技术人员在职创业、离岗创业有关政策。

（2）突出工作重点，进一步贯彻落实高校毕业生就业政策。

① 对小微企业新招用毕业年度高校毕业生的，签订1年以上劳动合同并依法缴纳社会保险费的，按企业为其实际缴纳部分给予1年社会保险补贴。

② 落实完善见习补贴政策。

③ 将求职补贴调整为求职创业补贴，补贴标准从2016年起提高到每人1 500元。

④ 落实技师学院高级工班、预备技师班和特殊教育院校职业教育类毕业生可参照高校毕业生享受相关就业补贴政策。

（3）坚持就业优先，进一步保持就业形势稳定。

① 建立公共投资和重大项目建设带动就业评估机制。

② 切实做好减负稳岗工作。

③ 加强就业形势分析研判和失业监测预警。

2.《市政府关于做好当前和今后一段时期就业创业工作的实施意见》

2017年12月，苏州市人民政府发布了《市政府关于做好当前和今后一段时期就业创业工作的实施意见》。这次政策变化主要体现在以下几个方面。

（1）拓宽了范围对象。

① 将军队退役人员、优抚对象家庭人员、随军家属、低保边缘重病困难对象救助家庭人员等对象纳入就业困难人员认定范围。

② 就业创业政策在苏州市行政区域范围内全面实施，打破大市范围内人员流动区域性障碍，苏州户籍劳动者在大市范围内就业创业平等享受扶持政策。

③ 拓展就业见习对象，将本市户籍16~25岁离校未就业技工院校高级工以上毕业生全部纳入见习对象范围。

④ 实现创业扶持对象范围较大突破，将毕业5年内的高校毕业生（含留学回国人员）、取得硕士以上学位人员纳入创业培训补贴、开业补贴、社保补贴、租金补贴、运营补贴、创业带动就业补贴等创业政策扶持范围，并将参加本市社会保险

缴费满3年的外地户籍创业者，一并纳入创业带动就业补贴对象范围。

（2）新增了政策举措。

① 健全技能人才多元化评价机制。

② 对符合条件的高校毕业生及技工院校毕业生实施安居保障政策。

③ 对登记失业3个月以上的本市生源毕业年度困难家庭高校毕业生，给予本人一次性临时生活补贴1 000元。

④ 大力发展农民合作社、农业企业、种养大户、家庭农场、建筑业小微作业企业等生产经营主体，其中依法办理工商登记注册的可按规定享受小微企业扶持政策和创业扶持政策，对吸纳贫困家庭劳动力就业并稳定就业1年以上的，给予一定奖补。

⑤ 按照创业孵化基地的孵化服务能力、载体规模及创业项目带动就业预期等因素，认定一批市级创业孵化示范基地（含大学生创业园），给予不超过50万元的补助。

（3）提高了补贴标准。

① 企业每年新招用毕业年度高校毕业生10人及以上（劳务派遣用工形式除外），且履行劳动合同和缴纳社会保险费均满1年及以上的，给予企业2万元一次性奖励。

② 提高见习补贴标准。见习期间，见习单位给予见习学员的生活补贴，不低于当年城镇职工月最低工资标准。

③ 对见习期满见习人员留用率一个自然年度内达50%以上，且与其签订劳动合同1年以上并缴纳社会保险费的见习单位，按每留用1人3 000元的标准，给予见习单位一次性见习奖励补贴。

④ 小微企业新招用毕业年度高校毕业生，签订劳动合同并缴纳社会保险费的，对企业缴纳社会保险费部分给予不超过2年的全额补贴。

3.《苏州市创业引导性资金使用管理办法》

2018年5月，苏州市人民政府办公室转发《苏州市创业引导性资金使用管理办法》。该办法经过多次修订完善，较以往有一些突破和创新，主要体现在以下方面。

（1）扩大了政策覆盖范围。将创业引导性资金使用范围调整扩大到全市，即四市（县）六区统一执行。

（2）明确了资金使用方向。将苏府〔2017〕158号文件规定的所有创业资金支出项目，含创业培训补贴、开业补贴、创业社保补贴、场地租金补贴、创业基本运营补贴、创业担保贷款及贴息、商业贷款奖息、创业带动就业补贴、大学生初创企业获得天使投资奖励、优秀创业项目资助、创业企业注销后补贴、市级示范基地认定补助、创业孵化补贴和基地运营补贴等，全部纳入了创业引导性资金支出范围，并规定了资金使用的条件和管理要求。

（3）明确了资金支出渠道和分担原则。

（4）提高了资金使用效能。

7.2 创新创业与社会责任

创新创业中的社会责任是指在创新和创业过程中，个人、团队和组织所应遵循的道德价值观念、行为准则和规范体系。它贯穿于创意产生、技术研发、产品设计、市场推广和企业运营等创新创业的各个环节，强调在追求创新成果和商业成功的同时，要兼顾社会利益、环境可持续发展以及对利益相关者的责任，从而确保创新创业活动符合道德和法律要求，实现经济效益与社会效益的有机统一。

一、创新创业应遵守的主要原则

① 创新与责任并重原则。大胆创新，同时要对创新带来的社会环境等影响负责，确保创新成果有利于社会进步。

② 诚信与透明原则。在创新创业的所有活动中保持诚实、守信，信息公开透明，不欺骗、不隐瞒，树立良好的信誉和形象。

③ 公正与公平原则。在资源分配、机会获取、竞争等方面遵循公正与公平的准则，为所有人提供平等的机会和待遇，不偏袒，不歧视。

④ 可持续发展原则。注重经济、社会和环境的协调发展，考虑项目的长期影响，实现资源的合理利用和生态环境的保护。

二、大学生创新创业应承担的社会责任

大学生创新创业价值观是社会主义核心价值观在创新创业领域的具体化、细化。社会主义核心价值观是大学生创新创业的根本价值导向。大学生创新创业应承担的社会责任主要包括以下几个方面。

① 遵纪守法。尊重知识产权，不抄袭，不盗用他人的创新成果，通过合法途径获取和使用技术与知识，同时保护自己的知识产权。积极履行合规责任，了解并遵守行业相关法规和政策，建立健全的公司治理结构。同时，建立内部控制制度，定期进行企业合规检查和风险评估，及时发现和解决潜在的法律风险。

② 诚实守信。不撒谎，不欺骗客户和合作伙伴，具备诚信的品德，并在商业活动中保持诚实和透明。

③ 公平竞争。遵守市场规则，坚持公平竞争原则，不采取不正当手段（如贿赂，盗取商业机密等）来获得商业利益。不恶意诋毁竞争对手，以诚信和实力来获取市场份额。提供真实准确的产品、信息和服务，保障消费者的合法权益，满足消费者的需求。

④ 勇于创新。勇于挑战，勇敢提出新颖的见解和方法，满足社会需求。

⑤ 自立自强。具备独立精神，勇敢面对创业中的困难和挑战，用积极的态度和坚定的信念应对挫折。

⑥ 团结协作。注重团队成员之间的配合和协作，与团队成员相互尊重、信任和合理分工，共享成果和荣誉，为团队成员提供公平的发展机会和良好的工作环境，重视团队成员的意见和建议，与团队成员共同促进创业目标的实现。

⑦ 服务社会。行为应符合社会的整体利益和价值追求。积极承担社会责任，关心社会环境和公共利益，如提供就业机会、推动社区发展、参与公益事业等。遵守国家法律法规，注重环境保护，遵守税收规定，并积极参与公益活动回馈社会。

⑧ 信息保护。保护客户和合作伙伴的隐私信息，妥善处理涉及个人隐私的数据，同时也要加强对企业内部信息的保护，防止员工将商业机密泄露给竞争对手。

第八章　创新创业案例分析要点与案例分析展示

8.1　创新创业案例分析目标：从启发思维到指导实践的多维价值

在当今充满机遇与挑战的商业环境中，创新创业案例的分析与研究具有重要的理论与实践意义。深入分析真实案例，不仅可以激发创新意识，还能为创业者提供宝贵的决策参考，同时为学术研究提供实证支持。下面将围绕创新创业案例分析的四大目标——启发思维、提炼经验、指导实践以及学术研究展开探讨。

一、启发思维：激发创新意识与问题解决能力

创新创业的核心在于创新，而创新往往源于对问题的敏锐洞察和对解决方案的持续探索。通过对真实案例的分析，创业者能够从他人的成功与失败中汲取灵感，激发自身的创新意识。戴森的无叶风扇案例展示了如何通过重新思考传统产品的设计，实现技术与用户体验的突破。戴森创始人詹姆斯·戴森在面对传统风扇的叶片安全隐患问题时，没有选择简单的改进，而是选择了彻底颠覆风扇的形态，开发出无叶风扇。这种从问题出发的创新思维，为创业者提供了重要的启示：创新不仅是技术的突破，也是对传统思维的挑战。

此外，案例分析还能培养创业者发现与解决问题的能力。以 Airbnb 为例，其创始人在早期面临资金困境时，通过“卖麦片筹钱”的创新决策，成功解决了启动资金的问题。这种在困境中寻找机会的能力，是创业者在复杂环境中生存与发展的关键。通过学习这些案例，创业者能够学会从日常生活中发现问题，并将其转化为商业机会。

二、提炼经验：总结成功与失败案例的共性与差异

创新创业案例分析的另一个重要目标是提炼经验，总结成功或失败案例的共性与差异，从而形成可复制的创新模式或“避坑”指南。通过对多个案例的分析，创业者可以发现一些普遍规律。例如，成功的企业往往能够精准把握市场需求，通过创新的产品或模式满足用户的痛点。以拼多多为例，其成功的关键在于精准定位下沉市场，通过低价策略和社交拼团模式，满足了这一庞大群体的消费需求。

与此同时，失败的案例也提供了重要的教训。共享单车行业曾因过度扩张而陷入困境，还有一些企业盲目追求市场份额，忽视了运营效率和用户体验，最终导致资金链断裂。通过分析这些失败案例，创业者可以避免类似的错误，少走弯路。

三、指导实践：为创业者提供决策参考

创新创业案例分析的最终目的是指导实践，为创业者提供决策参考。通过案例分析，创业者可以在产品开发、市场定位、团队管理等方面获得启发。例如，在产品开发方面，戴森的无叶风扇案例展示了如何通过技术创新增强产品竞争力。戴森通过气流倍增（Air Amplifier）技术，不仅解决了传统风扇的安全隐患，还提升了产品的效能和用户体验。这种对技术细节的关注，为创业者提供了产品开发的思路。

在市场定位方面，拼多多的崛起则展示了如何通过精准定位下沉市场，实现差异化竞争。拼多多通过低价策略和社交拼团模式，成功吸引了大量下沉市场用户，填补了传统电商平台的空白。这一案例为创业者提供了市场定位的参考，即在竞争激烈的市场中，找到未被充分满足的细分市场，是实现突破的关键。

在团队管理方面，特斯拉的发展历程提供了宝贵的经验。特斯拉在发展过程中多次面临产能危机，但通过与全球供应商合作、优化生产流程，逐步解决了这些问题。这一案例展示了资源整合和团队协作的重要性，为创业者在团队管理方面提供了借鉴。

四、学术研究：支撑创新创业理论，完善商业模式理论

除了对创业者实践的指导作用，创新创业案例还具有重要的学术研究价值。通过案例分析，可以验证商业模式、竞争力分析等理论模型的适用性，为创新创业理论的发展提供实证支持。例如，精益创业方法论强调快速迭代和用户反馈，这一理论在戴森的产品开发过程中得到了充分体现。戴森通过不断优化设计，根据用户反馈改进产品性能，成功将精益创业的理念应用于实践。这种案例分析为精益创业理论提供了生动的实证支持。

此外，分析不同行业的创新创业案例，可以进一步完善商业模式理论。例如，拼多多的“顾客对工厂（C2M）”模式不仅压缩了供应链成本，还提升了用户体验。这一模式为商业模式理论提供了新的视角，即在数字经济时代，如何通过技术创新优化供应链，实现成本与效率的平衡。

8.2 创新创业案例分析要点：从产品到模式，从技术到市场

在当今快速发展的商业环境中，创新创业已成为推动社会进步和经济发展的核心动力。下面将结合多个经典案例，剖析创新创业的背景、创新点、创业过程、成果与教训等分析要点。

一、案例背景

创新创业案例的背景分析一般应涵盖行业趋势、市场痛点、创始人动机以及初创团队的构成等方面。以拼多多为例，其创始人黄峥敏锐地捕捉到下沉市场的潜力，发现传统电商平台忽视了这一庞大群体的消费需求。拼多多通过低价策略和社交拼团模式，成功吸引了大量下沉市场用户，填补了市场空白。

在技术领域，信使核糖核酸（mRNA）疫苗的研发源于传统疫苗技术的局限性。mRNA 疫苗能够快速响应病毒变异，提供更高效、更安全的免疫保护。例如，

蓝鹊生物利用其 RNApeutics 平台，实现了低成本、高效率的 mRNA 药物开发。

二、创新点

创新是创新创业的核心要素，主要体现在产品、模式和技术三个方面。分析创新点时，一般也从这三个方面出发。

① 产品创新：戴森的无叶风扇是产品创新的典范，这款风扇采用专利 Air Amplifier 技术，通过无叶片设计，不仅提升了安全性，还显著降低了噪声。这种创新设计不仅改变了传统风扇的形态，还提升了用户体验。

② 模式创新：奈飞（Netflix）公司的订阅制模式彻底改变了视频行业的商业模式。通过预付费订阅，Netflix 能够精准预测用户需求，优化内容制作与分发，同时为用户提供持续稳定的优质内容。

③ 技术创新：mRNA 疫苗的研发是技术创新的代表。蓝鹊公司利用其 mRNA 技术平台，快速开发针对新病毒的疫苗，解决了传统疫苗研发周期长、效率低的问题。

三、创业过程

创业过程充满了挑战，关键决策、资源整合和竞争应对是其中的关键环节。分析创业过程时，应将它们作为分析重点。

① 关键决策：Airbnb 在早期面临资金困境时，通过“卖麦片筹钱”的创意决策，成功获得了启动资金。这一决策不仅解决了短期资金问题，还为公司赢得了宝贵的生存时间。

② 资源整合：特斯拉在发展过程中多次面临产能危机，但通过与全球供应商合作、优化生产流程，逐步解决了这些问题。例如，在电动皮卡（Cybertruck）项目中，特斯拉通过将部分电池组件外包给中国供应商，缓解了产能压力。

③ 竞争应对：在面对市场竞争和技术难题时，初创企业需要灵活应对。拼多多通过不断优化用户体验、加强供应链管理，成功应对了来自传统电商的竞争压力。

四、成果与教训

创新创业的成果和挑战往往并存，企业需要在不断试错中成长。在分析中，对企业案例的阶段性成果和失败教训应重点关注。

① 阶段性成果：拼多多通过精准定位下沉市场，实现了用户数量和营收的快速增长。其 C2M 模式不仅压缩了供应链成本，还提升了用户满意度。

② 失败教训：共享单车行业曾因过度扩张而陷入困境。一些企业盲目追求市场份额，忽视了运营效率和用户体验，最终导致资金链断裂。

五、启示与延伸

创新创业的成功不仅依赖创新本身，也在于将创新转化为实际的商业价值。除了以上分析内容外，在实际案例分析过程中，我们应注重案例带来的启示与延伸，如可迁移的方法论和行业影响就是不可忽视的要点。

① 可迁移的方法论：精益创业方法论强调快速迭代和用户反馈，适用于多种行业。例如，戴森在产品研发过程中不断优化设计，通过用户反馈改进产品性能。

② 行业影响：拼多多的崛起重塑了下沉市场的消费模式，推动了电商行业的多元化发展。mRNA 疫苗技术的突破，为全球公共卫生事业带来了新的希望。

8.3 创新创业案例分析要求：打造高质量的案例

创新创业案例分析不仅是对创业过程的记录，也是对创业经验的总结与提炼。一份高质量的创新创业案例能够为创业者提供宝贵的借鉴，为学者提供研究素材，为读者带来启发。因此，案例分析需要遵循严格的要求，确保其真实性、典型性、结构化、可读性，并进行多维度分析。下面将围绕这些要求展开详细探讨，帮助读者更好地理解和分析创新创业案例。

一、真实性：数据来源可靠，避免虚构

真实性是创新创业案例的生命线。只有基于可靠的数据和事实，案例才能具有可信度和参考价值。在分析案例时，数据来源必须明确且权威，例如企业的财报、创始人的访谈、权威媒体的报道等。这些来源不仅能够为案例提供坚实的事实基础，还能增强案例的说服力。

以字节跳动为例，算法推荐系统是其成功的核心创新之一。分析相关案例时，可以通过字节跳动发布的财报数据，了解其用户增长、营收变化等关键指标；通过创始人张一鸣的访谈，获取其创业初衷和决策过程的第一手资料；通过权威媒体的深度报道，了解其技术细节和市场竞争环境。这些真实可靠的数据和信息，能够为案例的真实性和可信度提供有力支撑。

二、典型性：选择具有行业代表性或颠覆性的案例

创新创业案例的价值在于其启发性和借鉴意义。因此，选择具有行业代表性或颠覆性的案例至关重要。这些案例往往能够反映行业的最新趋势，展示创新的力量，甚至改变行业的竞争格局。例如，字节跳动凭借其强大的算法推荐系统，不仅在信息分发领域取得了巨大成功，还对传统媒体和社交平台产生了深远影响。

选择案例可以从以下几个方面入手。

① 行业代表性：选择在某一行业内具有广泛影响力的案例，如拼多多对下沉市场的重塑，展示了电商行业的新趋势。

② 颠覆性创新：选择通过技术创新或模式创新改变行业格局的案例，如特斯拉的电动汽车技术，推动了全球汽车产业的电动化转型。

③ 新兴领域：关注新兴领域的创新案例，如 mRNA 疫苗的研发，展示了生物技术领域的前沿突破。

三、结构化：按“背景—过程—结果—分析”逻辑展开

创新创业案例的分析需要遵循清晰的结构，避免碎片化。一个完整的案例分析通常按照以下结构展开。

① 背景：介绍案例的行业背景、市场环境、创业动机以及初创团队的构成。这部分需要为读者提供足够的背景信息，帮助他们理解案例发生的环境。

② 过程：详细描述创业过程中的关键决策、资源整合、风险应对等环节。这部分是案例的核心，需要通过具体事件和决策过程，展示创业的复杂性和挑战性。

③ 结果：总结案例的阶段性成果或失败教训，包括用户增长、营收变化、市场份额等关键指标。这部分需要通过数据和事实，展示创业的最终结果。

④ 分析：结合理论模型，对案例进行深度分析，提炼出可借鉴的经验和教训。这部分是案例的价值所在，需要通过多维度的分析，为读者提供启发。

下面是关于字节跳动的案例分析的结构。

① 背景：介绍移动互联网时代的信息分发需求、传统媒体和社交平台的局限性、字节跳动的创业动机和团队构成。

② 过程：讲述算法推荐系统的研发与优化、产品迭代与市场推广、关键决策与资源整合。

③ 结果：展示用户数量的爆发式增长、营收的持续提升、对行业的深远影响。

④ 分析：结合 SWOT、PEST 等模型，分析字节跳动的成功因素和面临的挑战。

四、可读性：语言通俗，使用图表、时间线等可视化工具

案例的可读性直接影响其传播效果和读者的接受程度。因此，案例分析需要使用通俗易懂的语言，避免过于专业或晦涩的术语。同时，图表、时间线等可视化工具能够帮助读者更好地理解和记忆案例内容。

例如，在描述字节跳动的创业过程时，可以使用时间线展示其关键事件和发展节点，如 2012 年公司成立、2016 年抖音上线、2017 年收购 Musical.ly 等。通过时间线，读者可以清晰地看到字节跳动的发展脉络。此外，利用用户增长曲线、营收对比图等图表可直观地展示其发展成果。

五、多维度分析：结合 SWOT 分析、PEST 分析、波特五力模型

创新创业案例分析的价值不仅在于描述事实，也在于通过深度分析提炼出可借鉴的经验和教训。因此，在分析案例时，需要结合多种理论模型，如 SWOT 分析（优势、劣势、机会、威胁）、PEST 分析（政治、经济、社会、技术）和波特五力模型（行业竞争、替代品威胁、供应商议价能力、买家议价能力、潜在进入者威胁）等，对案例进行多维度分析。

下面以字节跳动为例，展示如何结合这三种理论模型进行案例分析。

1. SWOT 分析

① 优势：强大的算法推荐系统，精准的内容分发能力，快速的产品迭代能力。

② 劣势：内容审核压力大，面临监管挑战，在国际化过程中面临文化差异等问题。

③ 机会：全球移动互联网市场的持续增长，新兴市场的潜力，内容创作生态的不断完善。

④ 威胁：竞争对手的模仿与竞争，数据的安全问题，政策法规的变化。

2. PEST 分析

① 政治：不同国家和地区的内容监管政策对字节跳动的国际化战略产生影响。

② 经济：全球经济增长的趋势、广告市场的变化对字节跳动的营收模式产生

影响。

③ 社会：用户对信息消费的需求变化、社交媒体的普及程度对字节跳动的产品定位产生影响。

④ 技术：人工智能、大数据技术的发展为字节跳动的算法推荐系统提供技术支撑。

3. 波特五力模型

① 行业竞争：在与传统媒体、社交平台的竞争中，字节跳动通过技术创新和用户体验优化，形成了差异化竞争优势。

② 替代品威胁：其他信息分发平台，如微信公众号、小红书等，对字节跳动的市场份额构成一定威胁。

③ 供应商议价能力：此案例中指内容创作者的议价能力。字节跳动通过完善的内容生态和激励机制，降低了创作者的议价能力。

④ 买家议价能力：此案例中指用户对内容的高要求，字节跳动通过精准推荐和多样化内容，提升了用户满意度，降低了买家议价能力。

⑤ 潜在进入者威胁：指新进入者面临的技术门槛和用户基础问题。字节跳动通过持续的技术创新和品牌建设，巩固了市场地位。

通过多维度的分析，案例能够更全面地展示创业过程中的机遇与挑战，为读者提供更深入的启发。

8.4 创新创业案例分析的具体步骤

创新创业案例分析是一项系统性的工作，需要从选题、资料收集、框架设计、内容填充、案例打磨等多个环节进行精心策划和执行。一个高质量的创新创业案例不仅能为创业者、学者和学生提供宝贵的借鉴，还能为投资决策、企业培训和教学研究提供有力支持。以下是创新创业案例分析的详细步骤。

一、选题与定位

选题是案例分析的起点，应明确目标和受众。创新创业案例分析需要根据不同的目标和受众群体进行定位，以确保案例的针对性和实用性。

1. 明确目标

① 教学目标：如果案例用于教学，那么分析应注重启发思维、培养分析能力，帮助学生理解创新创业的全过程。

② 研究目标：如果案例用于学术研究，那么分析应注重深度分析，验证理论模型，提炼创新模式。

③ 企业培训目标：如果案例用于企业内部培训，那么分析应注重实践指导，提供可操作的策略和经验教训。

2. 确定受众

① 学生受众：案例应通俗易懂，注重逻辑性和启发性，帮助学生理解创新创

业的基本概念和流程。

② 创业者受众：案例应提供实用的建议和经验教训，帮助创业者在实践中少走弯路。

③ 投资人受众：案例应突出项目的创新性和市场潜力，为投资决策提供参考。

二、资料收集

资料是案例分析的基础。高质量的资料能够确保案例的真实性和可信度。资料收集可以从一手资料和二手资料两个方面入手。

1. 一手资料

① 创始人访谈：通过对创始人或核心团队成员的访谈，获取第一手的创业故事、决策过程和经验教训。

② 内部文件：获取企业的内部文件，如商业计划书、财务报表、会议记录等，了解企业的内部运作情况和战略规划。

③ 用户反馈：收集用户对产品或服务的评价和反馈，了解市场需求和用户痛点。

2. 二手资料

① 行业报告：参考专业机构发布的行业报告，了解行业趋势和市场规模。

② 媒体报道：查阅权威媒体的报道，获取企业的重大事件和发展动态。

③ 学术文献：参考相关学术文献，为案例分析提供理论与数据支持。

三、框架设计

框架设计是案例分析的骨架。清晰的框架能够帮助作者系统地组织内容，避免内容碎片化。以下是案例分析的框架示例。

1. 引言

介绍行业的整体趋势、市场规模和发展前景，分析行业的痛点和未被满足的需求。

2. 创新点

描述案例的核心创新，如产品创新、模式创新或技术创新，分析创新点如何解决行业痛点或满足市场需求。

3. 创业历程

详细描述创业的起点、团队组建、产品开发和市场推广等过程，突出创业过程中的关键决策和转折点。

4. 关键节点

选取创业过程中的几个关键节点，如融资、产品发布、市场扩张等，进行重点分析，探讨这些节点对企业发展的影响。

5. 成果与挑战

总结案例的阶段性成果，如用户增长、营收、市场份额等。分析企业在发展过程中遇到的挑战和应对策略。

6. 启示总结

提炼案例的成功经验和失败教训，为读者提供启示。结合理论模型，如 SWOT

分析、PEST分析等，进行深度分析。

四、内容填充与分析

内容填充是案例分析的核心环节，需要将收集到的资料进行整合并进行分析，突出创新与创业的关联性。

1. 突出创新与创业的关联性

以优步（Uber）公司为例，分析其如何通过技术创新（如移动互联网技术、大数据匹配）重构传统出行服务，探讨创新如何推动创业过程中的资源整合、市场拓展和商业模式优化。

2. 结合理论模型分析

使用SWOT分析，探讨企业的优势、劣势、机会和威胁。使用PEST分析，分析宏观环境对企业的影响。使用波特五力模型，分析行业的竞争格局和企业的竞争优势。

3. 案例细节分析

通过具体的数据和事实，展示创新点如何转化为商业价值。分析创业过程中的关键决策对企业发展的影响。

五、案例打磨

案例打磨是提升案例质量的重要环节，通过增加讨论问题和案例优化，增强案例的可读性和启发性。

1. 增加讨论问题

设计开放式问题，引导读者思考。例如："我如果是创始人，如何应对某次危机？"

提供多个角度的问题，帮助读者全面理解案例。例如："Uber的商业模式是否可持续？其面临的最大挑战是什么？"

2. 优化语言表达

使用通俗易懂的语言，避免过于专业或晦涩的术语。结合图表、时间线等可视化工具，增强案例的可读性。

3. 案例校对与审核

检查数据的准确性，确保引用的资料真实可靠。请行业专家或目标受众进行审阅，收集反馈并进行优化。

8.5 创新创业案例展示形式：多样化与创新性探索

在创新创业教育和实践中，案例展示是帮助创业者、学生和投资人理解创业过程、提炼经验和教训的重要方式。随着技术的发展和教育理念的更新，案例展示形式也在不断创新，从传统的文字报告到多媒体、互动式和数字化展示，每种形式都有其独特的优势和应用场景。下面将详细介绍创新创业案例的多种展示形式及其特点。

一、文字报告：传统与经典的展示形式

文字报告是创新创业案例展示的传统形式，通常以 PDF 或纸质文档呈现。这种模式适合学术研究、课程教学和企业内部培训，能够系统地呈现案例的背景、过程、成果与分析。

1. 特点

① 系统性强：文字报告可以详细描述案例的每一个环节，适合深度分析。

② 便携性高：PDF 和纸质文档便于保存和分享，适合线下阅读。

③ 适用范围广：适合学术研究、教学和企业内部培训，能够为读者提供全面的参考。

2. 局限性

① 互动性差：缺乏互动性，难以激发读者的兴趣。

② 更新不及时：纸质文档难以快速更新，可能无法反映最新的市场动态。

二、多媒体案例：增强代入感与吸引力

多媒体案例通过视频、动画、播客等形式展示创新创业故事，能够有效增强代入感和吸引力。TED 演讲以其生动的讲述和视觉效果吸引了全球观众，播客如《创业内幕》则通过声音和故事讲述，为听众提供沉浸式的创业体验。

1. 特点

① 生动性强：视频和动画能够通过视觉和听觉效果增强观众的体验感。

② 传播性强：多媒体内容易在社交媒体上传播，能够快速扩大影响力。

③ 形式多样：包括视频、播客、动画等多种形式，适合不同类型的受众。

2. 局限性

① 制作成本高：高质量的多媒体内容需要专业的制作团队和设备。

② 信息密度低：相比文字报告，多媒体内容可能无法承载许多细节。

三、互动式工作坊：模拟实战，增强参与感

互动式工作坊通过分组讨论、角色扮演等方式，让参与者深入讨论案例中的关键决策点，如“是否接受某轮融资”或“如何应对市场危机”。这种形式能够模拟实战场景，增强参与者的决策能力和团队协作能力。

1. 特点

① 参与性强：参与者能够通过讨论和模拟决策，深入理解创业过程的复杂性。

② 实战性强：模拟真实场景，帮助参与者将理论与实践相结合。

③ 反馈及时：通过现场讨论和导师指导，参与者能够及时获得反馈和建议。

2. 局限性

① 时间成本高：需要较长的时间组织和实施。

② 依赖组织者：工作坊的效果高度依赖组织者的引导和参与者的积极性。

四、数字化平台：高效与便捷的展示方式

数字化平台通过互联网技术，为创新创业案例的展示提供了更高效、更便捷的解决方案。例如，哈佛案例库支持关键词检索、在线讨论和案例分享，VR 技术则可以还原创业场景，如早期办公室会议。

1. 特点

① 高效检索：通过关键词检索，用户能够快速找到感兴趣的案例。

② 互动性强：在线讨论和评论功能能够促进用户之间的交流和学习。

③ 技术先进：VR 等新兴技术能够提供沉浸式的体验，增强用户的体验感。

2. 局限性

① 技术门槛高：用户需要具备特定的技术设备和一定的操作能力。

② 内容更新快：需要持续更新内容，以保持平台的吸引力。

五、路演式展示：提炼核心，吸引投资

路演式展示通过模拟投资人路演，重点展示项目的商业模式、增长潜力和核心竞争力。这种形式适合创业大赛、融资路演和项目推广，能够帮助创业者快速吸引投资人的关注。

1. 特点

① 目标明确：路演式展示专注于展示项目的商业模式和增长潜力，能够快速抓住投资人注意力。

② 形式简洁：通过 PPT、演讲和问答的形式，高效传递项目的核心价值。

③ 反馈直接：投资人和观众的现场反馈能够帮助创业者及时调整策略。

2. 局限性

① 时间有限：路演时间通常较短，难以全面展示项目的细节。

② 压力较大：创业者需要在短时间内展示项目优势，对演讲技巧和心理素质要求较高。

8.6 苏州高等职业技术学校创新创业案例分析展示

坚持梦想，静待花开：周德婷的创业故事

一、人物简介

周德婷，女，苏州高等职业技术学校服装设计专业 2015 届毕业生。在校期间，她凭借优异的专业成绩和出色的领导能力，担任班级副班长和学生会干部。毕业后，她创办了苏州美特美婚纱礼服有限公司和常州着色信息科技有限公司，成功将传统婚纱礼服业务与跨境电商相结合，展现了强大的创新能力和商业智慧。2017 年，她通过自学考试获得南京大学人力资源管理专业学士学位，进一步增强了自己的管理能力。

二、鲲鹏之志：梦想的起点

“北冥有鱼，其名为鲲。鲲之大，不知其几千里也；化而为鸟，其名为鹏。鹏之背，不知其几千里也；怒而飞，其翼若垂天之云。”周德婷一直对庄子《逍遥游·北冥有鱼》中的这段话情有独钟。她渴望像鲲鹏一样，一飞冲天，实现自己的梦想。

出生在普通家庭的周德婷，曾因平凡的起点而感到灰心。然而，进入苏州高等职业技术学校服装设计专业后，她迅速被专业课程的魅力和老师的悉心教导吸引。她深知，要想在平凡中脱颖而出，必须打下坚实的基础。于是，她全身心投入学习中，从一条缝边到一幅人像，从一次技能竞赛到一次淘宝网店的尝试，她不断挑战自己，积累经验。她还利用暑期在婚纱店打工，只为获得宝贵的实习经验。

三、筚路蓝缕：创业的艰辛与坚持

毕业之后，周德婷开启了她的创业之旅。创业之路从不平坦，对于一个初出茅庐的年轻女孩来说更是如此。她用在淘宝网店挣到的第一桶金，与弟弟共同创办了苏州美特美婚纱礼服有限公司。当时，苏州的婚纱行业正处于更新换代的关键时期，许多小型婚纱企业因无法适应行业变革而被淘汰。然而，周德婷敏锐地抓住了这一机遇，推出了个性定制婚纱、手工伴娘礼服和定制婚纱周边配饰等多样化产品。

她从不嫌弃订单小，总是亲力亲为，与客户反复沟通，修改设计稿三五次是常事，有时甚至多达十几次。凭借精湛的工艺和实惠的价格，她逐渐在客户中树立了良好的口碑。通过老客户的推荐，她的生意逐渐稳定，并积累了大量忠实客户。

然而，周德婷并未止步于此。她结合自己在网店积累的经验，继续拓展电商平台。从最初的淘宝个人卖家，到 2018 年成立常州着色信息科技有限公司，正式进军跨境电商，她的事业在摸爬滚打中逐步走向正轨。

四、厚积薄发：持续成长与突破

如今，周德婷的公司和工作室正蓬勃发展。尽管她谦虚地认为自己尚未取得巨大成功，但她对自己的收获感到满意。在繁忙的工作之余，她从未放弃自我提升。她通过自学考试获得南京大学人力资源管理专业学士学位。这一经历不仅增强了她的管理能力，也为公司的发展提供了有力支持。同时，她积极参与各类创业培训和比赛，在培训中汲取新知识，在比赛中磨炼专业能力和心理素质。

回顾四年的创业之路，周德婷感慨万千。她深知，自己的成功离不开母校的培养。在苏州高等职业技术学院，她不仅收获了专业知识，也收获了自信，结识了许多良师益友，为未来的人生之路奠定了坚实基础。

五、案例启示

周德婷的成功并非偶然。她用自己的经历告诉我们，只要在专业学习中明确目标，制定清晰的职业规划，不断增强自我能力，无论是就业还是创业，都能走向成功。她坚信："坚持梦想，静待花开，成功总会垂青有准备的人。"

案例分析

1. 案例亮点

① 梦想与坚持：该案例生动展现了周德婷从学生到创业者的转变，突出了她对梦想的执着和在创业过程中的坚持。这种精神能够激励更多年轻人勇敢追求自己的梦想。

② 专业与创新：周德婷将服装设计专业与电商、跨境电商相结合，展现了强大的创新能力和市场洞察力。她的故事体现了专业技能与市场需求紧密结合的重要性。

③ 自我提升：周德婷通过自学考试提升学历，并积极参与创业培训和比赛，体现了她不断学习、不断进步的精神。

2. 可借鉴之处

① 明确目标：周德婷在学生时代就明确了创业目标，并通过积累经验、提升技能逐步实现梦想。这提醒创业者和学生要尽早规划自己的职业或创业道路。

② 抓住机遇：她在婚纱行业更新换代的关键时期，敏锐地抓住了市场机遇，推出了个性化产品。这表明创业者需要具备敏锐的市场洞察力。

③ 持续学习：周德婷通过自学和培训不断提升自己的专业素质，这种持续学习的精神值得每一位创业者学习。

3. 改进建议

① 增加数据支持：案例中可以增加一些关键数据，如公司营收增长情况、客户数量变化等，以更直观地展示创业成果。

② 深入分析挑战：案例中提到创业过程中的艰辛，但对具体挑战的分析不够深入。可以结合SWOT分析，进一步探讨其公司当时面临的机遇与挑战。

③ 增加互动性：在案例展示中，可以增加一些讨论问题，如“如何在竞争激烈的市场中脱颖而出?”“如何平衡创业与自我提升?”等。这些问题可以引导读者深入思考。

4. 总结

周德婷的创业故事是一个关于梦想、坚持和自我提升的生动案例。她凭借对专业的热爱、对市场的敏锐洞察和持续的学习精神，成功实现了自己的创业梦想。她的故事不仅为创业者提供了宝贵的经验借鉴，也为学生树立了榜样。正如她所说：“坚持梦想，静待花开，成功总会垂青有准备的人。”

从校园到企业，用创新与坚持书写创业篇章

一、人物简介与企业发展情况

1. 人物简介

李俊杰，男，2013年考入苏州高等职业技术学校机电工程系数控专业班。凭借出色的技能，他在第二学年加入数控加工中心竞赛组，并在集训中崭露头角。从第三学年开始，李俊杰结合自身兴趣和学校的支持，利用课余时间在校创业园注册个体户并持续经营。毕业后，他正式注册公司，继续在校外创业园经营。2020年，他将公司并入苏州市星霸装饰材料有限公司，至今担任核心管理职务。

2. 企业发展情况

苏州市星霸装饰材料有限公司成立于2009年3月，初始注册资金为10万元，后增至500万元，是一家专注于建筑装饰用铝制幕墙材料的加工型企业。2020年之前，公司因管理不善、规章制度陈旧，竞争力逐渐下滑。2020年10月，李俊杰加入公司，全权负责生产经营。到2023年年底，公司总营收从2020年的700万元增长到1 900万元，实现了显著的业绩提升。

二、主要成绩与社会贡献

1. 学校项目

李俊杰带领团队参与了苏州市多所学校的改建项目，这些学校包括苏州城市学院、苏州工业园区星海实验中学、苏州市盲聋学校、苏州工业园区工业技术学校、苏州市太湖旅游中等专业学校、西交利物浦大学附属学校和苏州旅游与财经高等职业技术学校等。

2. 医院项目

公司承接了苏州大学附属第一医院总院二期新建项目、苏州大学附属第二医院改建项目、独墅湖医院改建项目、苏州大学附属儿童医院总院改建项目以及苏州市中医医院改建项目等多个医院项目。

3. 商场项目

公司参与了苏州中心、龙湖天街（园区、吴中、狮山）、永旺梦乐城（吴中、园区、杭州）、印象城等商场的新建及改建项目。

4. 深度合作项目

公司与有家酸菜鱼、江边城外、汉堡王、望丘山、艾炒酸奶、海底捞等知名品牌商家建立了深度合作关系，为其门店提供高质量的装饰材料。

5. 超大型项目

公司深度参与了苏州市吴中区希尔顿酒店新建项目、苏州市吴江区中医医院改建项目、太仓市世纪互联产业园抖音数据库项目、苏州博物馆西馆以及苏州市档案馆等多个超大型项目，为城市发展贡献力量。

三、创业初期的艰辛与成长

2015年创业初期，李俊杰凭借对数控加工的兴趣选择了创业赛道。由于他缺乏对项目落地性和延续性的考虑，且毫无创业经验，他的创业之路异常艰难，公司几度面临倒闭。然而，他并未放弃，而是敏锐地发现了市场机会，并根据实际情况及时调整策略，逐步实现扭亏为盈。他深刻认识到，企业经营不能“一言堂”，必须广泛听取多方意见，及时调整不合适的规章制度。

四、创新模式与创业经验

李俊杰坚信，创新是在旧的基础上革新，推陈出新。他建议创业者在自身能力不足时，可以参考市场上优秀的方案，并结合自身实际情况进行适当改变。他鼓励创业者多观察学习市场上的小成功案例，因为大成功案例往往构成复杂且存在大量其他因素。这种理念不仅适用于企业管理，还适用于经营和战略构思。

五、创业期间的感人瞬间

2023 年，苏州工业园区星海实验中学的一位老师希望自费购买李俊杰公司生产的“东方之门铝制品大模型”用于教学，但因价格过高而无法承担。李俊杰随即与学校联系，主动捐赠数个模型供学生上课使用。捐赠当天，校长及多位校领导到场致谢，李俊杰还与学生见面并写下“把书翻烂，把梦翻新”的祝愿，激励学生们努力学习、追逐梦想。

六、对学校创业教育的建议与给大学生的提示

1. 给学校的建议

李俊杰的成功离不开苏州高等职业技术学校的支持。他希望学校能继续为创业的学生提供必要的帮助，包括技术支持和校内资源调配，让他们在面对困难时感受到“办法总比困难多”。

2. 给大学生的提示

李俊杰建议大学生不要盲目跟风创业，要认清自己的能力。选择创业项目时，应综合考虑兴趣爱好、市场经济和未来风口等因素。在创业过程中要脚踏实地，把握好进退的尺度，不能盲目扩张和跟进，因为创业之路充满不确定性。

案例分析

1. 案例亮点

① 成长性：该案例清晰地展示了李俊杰从校园创业到管理大型企业的成长历程，突出了他的学习能力和适应能力。

② 社会贡献：通过参与学校、医院、商场等项目，李俊杰的企业为社会基础设施建设做出了重要贡献，展现了创业者的社会责任感。

③ 创新理念：李俊杰的创新理念具有很强的实践性，他通过“推陈出新”的方式，成功推动了企业的发展。

2. 可借鉴之处

① 灵活调整策略：李俊杰在创业初期遇到困难时，没有固执己见，而是根据实际情况灵活调整策略，这种能力值得创业者学习。

② 重视团队意见：他认识到企业经营不能“一言堂”，要广泛听取多方意见，这种管理理念有助于提升企业的决策质量和市场竞争力。

③ 社会责任感：李俊杰通过捐赠模型支持教育事业，展现了创业者应有的社会责任感，这种行为值得每一位创业者学习。

3. 改进建议

① 增加数据可视化：案例中提到公司营收增长等关键数据，可以通过图表形式展示，增强案例的直观性和说服力。

② 深入分析挑战：对创业初期遇到的困难可以进行更深入的分析，结合具体细节探讨如何解决这些问题。

③ 增加互动性：在案例展示中增加一些讨论问题，如“如何在创业初期克服资金短缺?”“如何平衡创业与学业?”等，引导读者深入思考。

4. 总结

李俊杰的创业故事是一个关于成长、创新和社会责任的生动案例。他凭借对专业的热爱、敏锐的市场洞察力和持续的学习精神，成功实现了从校园创业者到企业管理者的转变。他的故事不仅为创业者提供了宝贵的经验借鉴，也为学生树立了榜样。正如他所说，“把书翻烂，把梦翻新”，只有不断学习和创新，才能在创业之路上走得更远。

用电商赋能传统苏绣，年轻创业者的新征程

一、人物简介

邹业豪，苏州高等职业技术学校经济贸易系电子商务专业2022届毕业生。他创立的高新区镇湖绣宫刺绣艺术工作室位于苏绣之乡镇湖，旗下拥有两家成功运营的线上店铺：绣宫苏绣文创和尤妈妈的苏绣好物。相关自媒体账号在平台上的粉丝量超过5万。凭借对苏绣的热爱和对电商的敏锐洞察，邹业豪成功将传统苏绣工艺与现代电商相结合，走出了一条独特的创业之路。

二、热爱与选择：电商赋能传统工艺

邹业豪的故事始于对苏绣的热爱。电子商务的巨大潜力让他意识到，传统手工艺可以通过互联网走向更广阔的市场。初中毕业后，他选择进入苏州高等职业技术学校学习电子商务，立志借助电商将苏绣推向全国乃至全球。

在校期间，邹业豪积极响应创新创业热潮，在班主任包英燕和李娜老师的指导下，创立了高新区镇湖绣宫刺绣艺术工作室，并于2020年12月完成工商登记。他以苏绣电商为切入点，运用所学专业知识，积极探索苏绣与电商的结合方式。

三、创新与突破：从零到行业领先

邹业豪深知，要推广苏绣，必须从工艺层面深入了解。在校期间他通过新媒体平台小红书开设账号“小邹爱搞针线活”，分享在学习苏绣过程中的经验和问题，吸引了众多网友关注。他打破传统模式，以免费课程为切入点，推出“先学习苏绣方法，后购买材料”的模式，成功吸引了大量用户。

凭借这一创新模式，邹业豪在半年内将淘宝店铺“绣宫苏绣文创”从零销量打造成月销300件以上的爆款店铺，并在细分领域（刺绣套件中的苏绣类目）占据榜首的位置。他还积极响应国家版权战略，登记100多项苏绣版权，成为首批入驻苏绣小镇版权服务交易基地的企业，用版权保护为产品赋予独特性。

四、深耕与拓展：多渠道发展与品牌建设

邹业豪并未止步于单一店铺的成功。他继续深耕苏绣产业，将苏绣礼品作为主要销售方向，运营淘宝店铺“尤妈妈的苏绣好物”，使其在细分领域（特色手工艺中的刺绣类目）稳定排名前100。此外，他还计划继续增加两家线上店铺，进一步

拓展市场。

在工作之余，邹业豪坚持学习苏绣技艺，参加“高新匠领”等职业技能大赛，并在众多绣娘中脱颖而出，携工作室作品参加多个大型展览，获得广泛好评。

五、创业的挑战与坚持

创业之路并非一帆风顺。邹业豪在初期面临诸多挑战，但他从未放弃，积极寻找解决方案，优化产品价格和包装，满足不同客户需求。他不断学习优秀店铺的经验，增强运营能力，凭借优质服务和卓越产品质量，逐步提升网店销售额。

他深刻体会到创业的艰辛，但也坚信，只要拥有拼搏精神、吃苦能力和研究毅力，就能在电商领域闯出一片天地。

六、给未来创业者的建议

邹业豪建议电子商务专业毕业生在创业前做好充分的市场调研和风险评估，选择具有潜力的领域切入市场。他强调要注重产品质量、服务质量以及品牌建设，善于运用电商平台进行营销推广，注重团队合作，积极应对市场变化和挑战。

七、案例启示

邹业豪的创业故事是众多电子商务专业毕业生的缩影。他用实际行动证明，只要有勇气尝试、敢于创新、不断努力，就能在电商这片广阔天地中实现自己的梦想和价值。他的故事激励着更多年轻人将传统工艺与现代技术相结合，书写属于自己的创业篇章。

案例分析

1. 案例亮点

① 创新模式：邹业豪通过“免费课程+销售材料”的模式，成功吸引了大量用户，体现了电商与传统手工艺结合的创新性。

② 版权保护意识：他积极响应国家版权战略，通过版权登记保护产品独特性，展现了年轻创业者的前瞻性和责任感。

③ 多渠道发展：他不仅成功运营了两家店铺，还计划进一步拓展市场，展现了强大的市场洞察力和执行力。

2. 可借鉴之处

① 结合兴趣与专业：邹业豪将对苏绣的热爱与电商专业相结合，为传统工艺找到了新的市场空间，这种结合值得其他创业者学习。

② 注重品牌建设：他通过版权保护和品牌推广，增强了产品的独特性和竞争力，为其他创业者提供了宝贵经验。

③ 持续学习与创新：他在创业过程中不断学习和优化，这种精神是创业者成功的关键。

3. 改进建议

① 增加数据可视化：案例中提到的店铺销量、粉丝增长等数据可以通过图表形式展示，增强直观性。

② 深入分析挑战：可对创业初期遇到的具体问题进行更深入的分析，结合实际案例探讨解决方案。

③ 增加互动性：可在案例中增加讨论问题，如“如何在传统行业中找到电商创新点？”“如何平衡产品质量与成本？”等，引导读者思考。

4. 总结

邹业豪的创业故事是一个关于创新、坚持和热爱的生动案例。他凭借对苏绣的热爱和对电商的敏锐洞察力，成功将传统手工艺推向了更广阔的市场。他的故事不仅为电子商务专业学生提供了宝贵的借鉴，也为传统工艺的传承与发展提供了新的思路。

从智能植物养护到智能仓储，用技术赋能产业升级

一、人物简介

王佳骏，江苏苏州人，曾担任苏州高等职业技术学校学生会外联部部长，多次荣获“三好学生”和“优秀学生会干部”称号。在大专四年级时，他开启了自己的创业之路，带领团队开展“枕绿阁”项目，专注于开发基于物联网的家庭植物养护系统，致力提高家庭植物种植的成活率。该项目于 2015 年荣获江苏省职业院校创业能力大赛二等奖。

二、初次创业：探索与积累

“枕绿阁”项目不仅为王佳骏的创业之路奠定了基础，还为他积累了宝贵的嵌入式开发经验。2016 年毕业后，王佳骏与两位同学共同创立了苏州天棱软件科技有限公司，专注于“天棱 ERP 管理系统”的研发。凭借这一项目，公司于 2017 年获评“江苏省优秀创业项目”，并获得 10 万元政府创业补贴。2018 年，公司参加苏州市大学生创新创业大赛，荣获三等奖，进一步巩固了其在企业管理系统及大数据分析领域的基础。

三、智能仓储：从创意到实践

公司的发展转折点源于一次与布艺行业客户的合作。客户原本希望使用“天棱 ERP 管理系统”，但在交流中，王佳骏意识到，仅靠软件难以解决布艺行业的仓储管理痛点。他敏锐地察觉到，软硬件结合的智能仓储管理系统可能是这一行业问题的唯一解决办法。于是，他带领团队踏上了一条充满挑战的研发之路。

经过前期的沉淀，公司自主研发了智能堆垛机、智能库位控制系统和仓储管理系统（WMS）。2020 年年底，业务一度达到巅峰。然而，布艺行业的衰退和外贸行业的冲击，使得公司业务受到重大影响。

四、转型与突破：打造自主智能仓储系统

2023 年，公司决定转型。面对市场上同类产品繁多、竞争激烈的现状，王佳骏意识到，只有明确市场定位、优化产品性价比，才能在激烈的市场竞争中站稳脚跟。经过一年的打磨，公司成功推出了全自主生产的料框式智能仓储系统。凭借明

确的市场定位和合理的价格策略，该系统一经面世便获得了市场的高度认可，迅速获得多笔订单。

在订单交付过程中，团队保持谦逊，不断优化产品和更新系统，提升产品的易用性和智能化水平。2023 年，公司完成订单销售额 200 万元，2024 年完成销售额 470 万元。王佳骏坚持“薄利多销”的策略，通过降低不必要的开支和优化人员配置，增强产品的市场竞争力。

五、创业心得与建议

王佳骏认为，创业是一场马拉松，需要保持耐心和好奇心，不断学习和成长。他建议大学生在创业前深入了解所选行业，进行市场调研，明确目标客户和竞争对手。同时，要制订详细的商业计划，掌握财务状况，严格控制成本。此外，一个多元化且成员技能互补的团队是成功的关键。王佳骏还强调，创业过程中不能忘记初心，要感恩母校的支持和帮助。

六、案例启示

王佳骏的创业故事展现了他对技术的热爱和对市场的敏锐洞察力。从智能植物养护到智能仓储管理系统，他凭借技术创新和市场洞察力，成功实现了从学生到创业者的转变。他的故事不仅为大学生创业者提供了宝贵的经验借鉴，也为传统产业升级提供了新的思路。正如他所说：“创业是一场马拉松，只有保持初心，一步一个脚印，才能在竞争中立于不败之地。”

案例分析

1. 案例亮点

① 技术积累与转型：王佳骏从智能植物养护项目起步，逐步积累嵌入式开发经验，最终成功研发智能仓储管理系统，体现了技术积累对创业的重要性。

② 市场洞察与创新：通过与客户的深度交流，王佳骏敏锐地发现了布艺行业的痛点，并通过技术创新提供了解决方案，展现了强大的市场洞察力和创新能力。

③ 坚持与韧性：面对行业衰退和市场冲击，王佳骏没有放弃，而是通过优化产品和调整策略，成功带领公司走出困境，体现了创业者的坚持和韧性。

2. 可借鉴之处

① 技术与市场的结合：王佳骏的成功在于他将技术积累与市场需求相结合，通过技术创新解决实际问题，这种结合值得其他创业者学习。

② 明确市场定位：在竞争激烈的市场中，明确的市场定位和合理的价格策略是成功的关键。王佳骏通过优化产品性价比，成功赢得了市场认可。

③ 持续优化与学习：王佳骏在创业过程中不断学习和优化产品，这种持续改进的精神是创业者成功的重要因素。

3. 改进建议

① 增加数据可视化：案例中提到的销售额、订单量等数据可以通过图表形式展示，增强案例的直观性和说服力。

② 深入分析挑战：对创业过程中遇到的具体问题进行更深入的分析，结合实际案例探讨解决方案。

③ 增加互动性：在案例中增加讨论问题，如“如何在竞争激烈的市场中找到差异化优势？”“如何平衡技术创新与市场需求？”等，引导读者思考。

4. 总结

王佳骏的创业故事是一个关于技术创新、市场洞察和坚持的生动案例。他凭借对技术的热爱和对市场的敏锐洞察力，成功实现了从学生到创业者的转变。他的故事不仅为大学生创业者提供了宝贵的经验借鉴，也为传统产业升级提供了新的思路。正如他所说：“创业是一场马拉松，只有保持初心，一步一个脚印，才能在竞争中立于不败之地。”

从设计到创业，用坚持和智慧书写创业篇章

一、学生简介

顾先祥，男，出生于1995年11月，毕业于苏州高等职业技术学校艺术设计系。2019年，他创办了苏州沐粟广告传媒有限公司，专注于标识牌的设计与制作。他凭借对设计的热爱和对事业的执着，已经在广告传媒领域闯出了一片天地。

二、梦想起航：从校园到职场的沉淀

顾先祥的创业之路始于对设计的热爱。在校学习期间，他专攻动漫设计，但创业的种子早已在他心中生根发芽。毕业后，为了积累经验，他进入叔叔的传媒公司，从最基础的设计工作做起。起初，他每月只拿到象征性的300元工资，但这段经历让他迅速成长。他的工资从300元逐步增长到2 500元，更重要的是，他积累了宝贵的行业经验。他继续努力学习广告设计相关知识，并将动漫设计的创意融入其中，逐渐形成了自己的设计风格。

在叔叔的公司工作期间，顾先祥不仅学到了专业知识，还从叔叔身上学到了做人做事的道理。这段经历为他后来的创业奠定了坚实的基础。

三、初次尝试：合作与分歧

顾先祥的创业之路并非一帆风顺。他的第一次创业是与人合伙，对方提供技术，他提供业务资源。然而，由于经营理念的差异，两人最终分道扬镳。顾先祥希望公司能够长久发展，而对方只是将合作视为过渡。这次经历让他明白，创业不仅仅是技术和资源的结合，更需要理念和目标的契合。

随后，顾先祥又与朋友合开了一家餐厅。由于朋友缺乏管理经验，餐厅经营困难，最终顾先祥不得不完全接手。这次经历让他深刻认识到，创业有时需要自己独立承担，否则可能连朋友都难以保全。

四、独立前行：从广告到多元发展

经历了两次合作失败后，顾先祥决定独立创业。2019年，他创办了苏州沐粟广告传媒有限公司，专注于标识牌的设计与制作。他亲自打理公司事务，从人员配备到业务拓展，每一个环节都亲力亲为。他深知，只有自己带头，才能将事业做好。

顾先祥的公司逐渐在市场中站稳脚跟，业务不断拓展。他不仅继续深耕广告传媒领域，还涉足交通设施领域，实现了多元化发展。他希望在未来，公司能拥有一个完整而强大的团队，推动公司高速发展，实现他对事业的梦想。

五、创业心得：坚持与智慧并重

顾先祥总结了多年的创业经验，认为以下几点是创业成功的关键。

① 带头做事：很多事情，如果自己不带头做，就很难做好。

② 用心积累：无论业务大小，都要用心去做，这样才能积累人脉和资源。

③ 把握机会：机会稍纵即逝，只有抓住机会，才能进一步发展。市场机会至关重要。

与许多创业者相比，顾先祥无疑是幸运的。他选择了自己热爱的设计专业，并顺利完成了学业。他凭借对事业的憧憬和执着，在广告传媒领域闯出了一片天地。虽然他的创业之路充满挑战，但他凭借坚持和智慧，逐步实现了自己的梦想。

六、案例启示

顾先祥的故事告诉我们，创业不仅需要热情和专业知识，也需要坚持和智慧。在复杂的社会环境中，创业者需要不断学习、积累经验，才能在市场竞争中立于不败之地。正如顾先祥所说："创业路上，有梦想就要去努力，有梦想就要去拼搏。"他用实际行动证明了这一点，并在市场经济的浪潮中，乘风破浪，向着成功的彼岸前行。

案例分析

1. 案例亮点

① 成长性：顾先祥从校园到职场，再到独立创业，逐步积累经验并实现事业的跨越，展现了创业者的成长路径。

② 行业洞察：他将动漫设计的创意融入广告设计，展现了跨专业学习和创新的能力。

③ 坚持与独立：通过独立承担创业责任，顾先祥克服了多次合作失败的挫折，体现了创业者的坚韧和独立精神。

2. 可借鉴之处

① 理念契合：顾先祥的第一次创业失败提醒创业者，合作不仅需要技术和资源的结合，也需要理念和目标的契合。

② 独立承担：顾先祥通过独立创业，逐步实现了事业的稳定发展，说明创业者需要在关键时刻独立承担责任，才能真正掌控事业。

③ 市场把握：顾先祥强调了把握市场机会的重要性，提醒创业者要敏锐洞察市场动态，抓住机会。

3. 改进建议

① 增加数据支持：案例中可以增加公司营收增长情况、客户数量等数据，以更直观地展示创业成果。

② 深入分析挑战：对创业过程中遇到的具体问题进行更深入的分析，结合实际情况探讨解决方案。

③ 增加互动性：在案例中增加讨论问题，如“如何在合作创业中避免理念分歧?”“如何在创业初期积累人脉和资源?”等，引导读者思考。

4. 总结

顾先祥的创业故事是一个关于坚持、智慧和成长的生动案例。他凭借对设计的热爱和对事业的执着，逐步克服了创业过程中的种种困难，实现了自己的梦想。他的故事不仅为创业者提供了宝贵的经验借鉴，也为年轻人树立了榜样。正如他所说：“创业路上，有梦想就要去努力，有梦想就要去拼搏。”

在当今快速变化的商业和技术环境中，创新创业已成为推动个人、企业和社会发展的关键力量。无论是初创企业还是成熟组织，都需要不断探索新的机会，以应对日益激烈的市场竞争和不断变化的用户需求。

第九章 创新创业教育与职业生涯规划

职业生涯规划是学生在职业发展过程中不可或缺的一部分。它帮助学生明确职业目标，制定合理的职业发展路径，从而在职业生涯中实现自我价值的最大化。创新创业教育与职业生涯规划的结合，为学生提供了一个更加全面、系统的成长路径。

苏州高等职业技术学校在创新创业教育与职业生涯规划的结合方面进行了大量有益的实践和探索。这些实践不仅为学生提供了丰富的学习资源和实践机会，也为职业教育的发展提供了宝贵的经验。本章将以苏州高等职业技术学校的案例为切入点，深入分析创新创业教育与职业生涯规划的结合模式、实施策略以及取得的成效。通过这些案例，本章将展示如何通过创新创业教育激发学生的创新意识和增强学生的创业能力，如何通过职业生涯规划帮助学生明确职业目标，以及如何通过创新创业教育和职业生涯规划的结合实现学生个人成长与职业发展的双赢。最后，本章将介绍提升创新创业者的职业素养与能力的路径，帮助学生为未来的创新创业活动打下基础。

9.1 创新创业教育与个人成长

在当代职业教育体系中，创新创业教育已超越传统知识传授的范畴，成为一种全方位的能力培养与素质提升路径，对个人成长具有深远且多维的影响。创新创业教育能够帮助学生拓宽知识面，使他们具备更全面的素养，通过项目实践、创业模拟等方式，增强学生的动手能力和解决问题的能力，为未来就业或创业打下坚实基础。此外，创新创业教育还可以激发学生的创新思维和创业精神。在学习过程中，他们学会从市场需求出发，挖掘机会，培养主动探索和敢于尝试的勇气。这种积极的心态有助于他们在毕业后更好地适应职场环境，开创自己的事业。通过创新创业教育，学生可以在个人成长的多个关键领域实现显著提升。

一、创新创业教育激发学生的自我认知

通过职业生涯规划课程和创新创业实践，学生能够更清晰地认识自身兴趣、能力与价值观。例如，苏州高等职业技术学校在课程中引入“自我评估工具”和“职业兴趣测试”，帮助学生定位职业方向，并结合案例分析引导学生制定个性化发展路径。这种模式不仅增强了学生的自我管理能力，还通过目标导向机制减少了学生在职业选择中的盲目性。

具体来说，创新创业教育对学生自我认知的激发是一个逐步深入的过程，主要

涵盖以下几个层次。

1. 兴趣与潜力认知

创新创业教育通过丰富多样的课程、实践活动和讲座，为学生提供接触不同领域的机会，使学生发现自己在创新思维、市场分析、团队协作等方面的兴趣点。例如，在创意启发课程中，学生小李对利用物联网技术解决校园共享单车停放问题提出独特见解，这一过程让他意识到自己对技术应用创新有着浓厚的兴趣和潜力。

2. 优势与劣势认知

在参与创新创业项目的实践过程中，学生需要承担不同的任务和角色，这促使他们深入了解自己的优势和劣势。比如在搭建线上水果商城的团队项目里，小王在市场调研和供应商洽谈方面表现出色，但在网页设计技术上稍显薄弱。通过项目实践，他清楚地认识到自身的长短板。

3. 职业方向与人生目标认知

随着创新创业教育的深入，学生逐渐将个人兴趣、优势与职业发展相联系，明确未来的职业方向和人生目标。比如，小张在与团队为老旧社区设计智能安防系统的过程中，不仅提升了专业技能，还坚定了在智能安防领域发展的决心，明确了自己未来的职业发展方向。

4. 价值观与自我认同认知

创新创业实践中的挑战与成功经历能帮助学生塑造价值观和增强自我认同。当学生克服困难完成一个创新项目时，他们会对自己的能力和价值观有更深刻的认识，进一步完善自我认知。

知识分享

从“社恐”到自信的演讲者

一、背景

小李是一名高职院校二年级的学生，性格内向，不擅长表达，在公共场合容易紧张。

二、课程活动

小李参加学校举办的“创新创业训练营”，需要组队完成商业计划书并进行路演。

三、自我认知变化

一开始，小李害怕公开演讲，担心被嘲笑，选择承担幕后工作。后来，在导师和队友的鼓励下，小李尝试参与讨论，并负责部分路演内容。最后，经过多次练习，小李克服了紧张情绪，在路演中表现出色，获得了评委的认可。

四、收获

小李意识到自己并非不善表达，只是缺乏锻炼和自信。他开始主动参加演讲比赛，并加入了学校的辩论队。

知识分享

从“被动学习”到“主动探索”

一、背景

小张是高职学校的一年级学生，习惯被动接受知识，缺乏主动学习的动力。

二、课程活动

小张参加中国国际大学生创新大赛，需要自主完成项目设计、市场调研、产品开发等工作。

三、自我认知变化

一开始，小张对比赛感到无从下手，担心自己能力不足。后来，在导师的指导下，小张学会了如何查找资料、分析问题、解决问题。最后，小张带领团队完成了项目，并在比赛中取得了优异成绩。

四、收获

小张体会到了主动学习的乐趣，并养成了独立思考、解决问题的能力。

思维碰撞：请你分析一下创新创业教育能从哪些方面激发学生的自我认知。

____

____

____

____

____

____

____

____

二、创新创业教育提升学生的综合素养与创新能力

创新创业教育的核心在于培养学生的创新思维和实践能力。苏州高等职业技术学校注重“做中学”，通过校企合作项目，让学生在真实场景中应用知识、解决问题；通过组织学生参加创新创业项目和竞赛，增强学生的实践能力和团队协作能力。通过课程学习和实践锻炼，学生能够在专业领域内突破传统思维模式，探索新的解决方案。

以 2022 年苏州市职业教育创新创业大赛为例，苏州高等职业技术学校的学生周奕维带领团队凭借“猫蛋智能猫砂盆——开启宠物智能化美好生活”项目获得一等奖。该项目不仅展示了学生的创新能力，还体现了他们在市场调研、项目策划和团队协作方面的综合素养。

创新创业教育不仅提升了学生的专业技能，还促进了学生综合素质的全面提升。学校通过“产教融合”模式，与企业合作开展现代学徒制项目，让学生在企业实践中积累经验，增强职业责任感和团队协作能力。例如，学校推荐 2020 级 200

多名毕业生进入雷允上、三菱电梯等知名企业实习。通过实际工作中的锻炼，学生的综合素养得到了显著提升。

创新创业教育对学生综合素养与创新能力等方面的提升主要体现在以下方面。

1. 启迪创新意识

创新创业教育的目标之一是培养学生对创新的兴趣和意识，使其具备基本的创新思维。为此，苏州高等职业技术学校通过开设通识课程、举办专题讲座和开展案例分析等多种方式，引导学生关注创新创业领域，激发他们的探索热情。在此基础上，通过组织创新创业知识竞赛和主题调研等活动，进一步拓宽学生的视野，帮助他们初步形成对创新创业的认知。这一阶段的教育不仅为学生奠定了创新的基础，也为后续的实践探索提供了思想动力。

2. 培养创新能力

在培养学生创新意识的基础上，创新创业教育进一步聚焦增强学生在专业领域内的创新能力和解决问题的能力。苏州高等职业技术学校通过将创新创业教育与专业课程深度融合，开展项目式学习、科研训练和创新实践活动，引导学生将理论知识转化为实际操作能力。在此过程中，学生通过参与专业项目实践、创新竞赛和科研项目，不断锻炼自己的创新思维和实践能力，逐步形成独立思考和解决问题的能力。这一阶段的教育不仅提升了学生的专业素养，也为他们未来的职业发展和创新创业实践提供了坚实的能力支持。

3. 拓展综合素养

创新创业教育的最终目标是全面提升学生的职业素养、团队协作能力和沟通能力等综合素养。苏州高等职业技术学校通过组织创新创业项目实践、团队合作和企业实习等活动，为学生提供了真实的实践环境，使他们在实践中学会团队协作、沟通交流和项目管理等关键技能。通过参与团队项目实践、企业实习和创业项目孵化，学生不仅能够将所学知识应用于实际场景，还能在实践中培养职业责任感和社会适应能力。这一阶段的教育不仅使学生在职业发展上更具竞争力，也为他们的全面发展奠定了坚实的基础。

知识分享

蒲汪庆的民宿改造之旅

一、创业背景

蒲汪庆是成都纺织高等专科学校的毕业生。他酷爱旅游，旅游时喜欢选择民宿。然而，在旅行过程中，他发现民宿行业存在诸多问题：缺乏统一标准，宣传与实际入住体验不符。这些问题严重影响了游客的体验和民宿行业的整体形象。基于此，蒲汪庆决定通过创业来解决这些问题，帮助民宿行业提升服务质量和运营效率。

二、创业过程

蒲汪庆的创业项目主要围绕民宿行业的标准化和数字化展开。他带领团队为民宿设计小程序，提供项目设计和运营服务。通过这些服务，他帮助不少民宿实现了线上预订、客户服务和运营管理的标准化，增强了这些民宿的整体竞争力。

在创业过程中，蒲汪庆充分发挥了高职教育的实践优势，将所学的专业知识与市场需求紧密结合。他从身边的小民宿入手，逐步积累经验，慢慢扩大业务范围，最终打造出一批配套标准、服务标准统一的民宿品牌。

三、创业收获

蒲汪庆的创业项目不仅解决了民宿行业的痛点问题，还帮助民宿经营者提高了经济效益。通过标准化和数字化改造，民宿的客户满意度大幅提升，运营成本降低，整体收入增长明显。

此外，蒲汪庆的创业项目还获得了社会的广泛关注和认可。他的团队不仅帮助民宿行业树立了新的标准，还为高职生创业提供了成功的范例。

蒲汪庆从身边的问题入手，结合专业知识解决问题，并通过实践逐步扩大业务范围，最终实现了创业成功。

思维碰撞：请你分析一下创新创业教育能从哪些方面提升学生的综合素养。

____

____

____

____

____

____

____

三、创新创业教育培养学生适应创新创业环境的学习能力

创新创业教育强调动态适应能力。苏州高等职业技术学校通过“五级孵化模式”（课程孵化、实践孵化、创客孵化等）分阶段增强学生的能力，使学生逐步适应创新创业环境。此外，学校引入“终身学习”理念，定期邀请行业专家开展讲座，帮助学生更新知识结构。通过创新创业教育，学生能够更好地了解自己的兴趣、能力和职业目标，从而做出更符合自身特点的职业选择。

1. 培养执着专注的职业韧性

创新创业教育通过融入工匠精神，引导学生在技能学习中培养执着专注的职业韧性。这种韧性能够让学生在面对职业挑战时保持坚韧不拔的态度。

2. 增强应对挫折的能力

在创新创业过程中，学生会面临各种挑战和失败。通过实践教学和模拟创业活动，学生能够在安全的环境中体验压力和挑战，从而增强应对挫折的能力。

3. 促进职业知识技能的提升

创新创业教育强调将理论与实践相结合，帮助学生突破重复性工作，打通实践操作与理论知识的连接，进一步提升职业知识技能。

4. 推动从接受式学习到探索式学习的转变

创新创业教育注重项目式学习，让学生以小组形式自主发现痛点并探索解决方案。这种学习模式能够帮助学生从传统的接受式学习转变为探索式学习，培养自主学习能力和创新思维。

5. 增强创新能力

创新创业教育通过实践教学活动，如创业大赛、模拟企业运营等，帮助学生将课堂所学知识内化为实际技能，增强学习能力和创新能力。

知识分享

苏州高等职业技术学校创新创业教育培养学生学习能力案例

一、案例背景

苏州高等职业技术学校作为一所中外合作办学的高职院校，高度重视创新创业教育，将其作为提升学生综合素质和职业能力的重要抓手。学校通过完善课程体系、搭建实践平台、出台支持政策等多方面措施，推动创新创业教育与专业教育深度融合。

二、具体措施与实施过程

1. 完善创新创业课程体系

学校提供国内高职班和加拿大本科桥梁课程班两套课程体系，供学生根据自身学习意愿和优势自主选择。课程体系中融入创新创业教育模块，帮助学生培养创新思维和创业能力。

2. 搭建实践平台

学校为学生提供了丰富的实践机会，包括创新创业实验室和校企合作项目。学生可以通过参与实际项目，将课堂所学知识应用于实践。

3. 以赛促学，增强能力

学校积极组织学生参加各级创新创业大赛，锻炼学生的实践能力和团队协作能力。近年来，学生在多项赛事中取得了优异成绩，如“一种创新型的智能电动车车速提示器”项目获得2023年苏州市职业学校创新创业大赛一等奖。

三、导师指导与政策支持

学校为学生提供创业指导与政策扶持，建立导师和专家团队，为学生创新创业项目提供全程指导。此外，学校还设立了创新创业专项奖学金，激励学生积极参与创新创业实践。

四、实施成效

1. 增强职业韧性

通过创新创业实践，学生在面对困难和挑战时展现出更强的职业韧性。例如，学生团队在开发“一种可变光斑振镜式激光镭雕机”项目时，面对技术难题和资金短缺，通过团队协作和导师指导，最终成功完成项目并获得省级奖项。

2. 增强学习能力

创新创业教育推动了学生从接受式学习向探索式学习的转变。学生在项目实践中主动探索解决方案，增强了自主学习和创新能力。例如，“智能洒水路灯”项目团队通过自主研究和实践，成功解决了传统路灯的痛点。

3. 成功案例涌现

学校培养了众多创新创业成功案例，如“猫蛋智能猫砂盆——开启宠物智能化美好生活”项目获得2022年苏州市职业教育创新创业大赛一等奖。这些案例不仅为学生树立了榜样，也证明了学校创新创业教育的有效性。

苏州高等职业技术学校通过完善课程体系、搭建实践平台、出台支持政策等多方面措施有效增强了学生的创新创业能力、职业韧性和学习能力，为高职院校创新创业教育提供了宝贵经验。

9.2 创新创业教育与职业生涯规划的结合

创新创业教育与职业生涯规划的结合，能够帮助学生更好地认识自身优势，明确职业方向，并在学习过程中培养创新思维和实践能力。这种结合不仅有助于学生在毕业后顺利就业，还能激发他们的创业潜力，为未来的职业发展奠定坚实基础。

一、以职业规划为导向开展创新创业教育

在职业教育中，职业规划是学生明确未来发展方向的重要工具。苏州高等职业技术学校将创新创业教育与职业规划紧密结合，通过职业规划引导学生发现自身兴趣与市场需求的契合点，从而激发创新创业的内在动力。学校坚持“德技双馨，手脑并用”的教育理念，构建了以先进制造业为主体，现代服务业和传统工艺为两翼的“一体两翼”专业结构模式。在此基础上，学校通过职业规划课程和专题讲座，帮助学生明确职业目标，并结合创新创业教育，引导学生在专业领域内探索创新机会。

例如，学校通过职业规划指导，帮助学生了解不同职业所需技能和创新能力，鼓励学生在学习过程中结合职业目标参与创新创业项目。这种以职业规划为导向的创新创业教育模式，不仅提升了学生的专业技能，还增强了他们的创新意识和实践能力。

知识分享

苏州高等职业技术学校构建“三位一体”职业规划教育体系

苏州高等职业技术学校构建了“课程教学、实践活动、个性化指导”三位一体的职业规划教育体系。

1. 课程教学

学校开设“职业生涯规划”“创新创业基础”等必修课程，以及“职业素养提升”“职场礼仪”等选修课程，帮助学生系统了解职业规划理论和方法，树立正确的职业观和就业观。

2. 实践活动

学校定期举办职业规划大赛、模拟招聘会、企业参观等活动，让学生在实践中体验职场环境，了解不同职业的特点和要求。

3. 个性化指导

学校建立了职业规划咨询室，配备专业的职业规划师，为学生提供一对一的职业咨询和指导服务，帮助学生制定个性化的职业发展规划。

二、通过创新创业教育完善职业规划

创新创业教育不仅是培养学生创业能力的过程，也是帮助学生完善职业规划的重要手段。苏州高等职业技术学校通过创新创业大赛、项目孵化等方式，为学生提供实践平台，帮助他们在实践中检验和调整职业规划。例如在 2022 年苏州市职业教育创新创业大赛中，苏州高等职业技术学校的学生团队凭借“猫蛋智能猫砂盆——开启宠物智能化美好生活”项目获得一等奖。该项目不仅展示了学生的创新创业能力，还为学生未来的职业发展提供了新的思路和方向。通过参与此类项目，学生能够在实践中深入了解行业需求，进一步完善自己的职业规划，明确未来的职业路径。

此外，学校还通过“岗课赛证”融合育人模式，将创新创业教育与职业技能培训相结合，帮助学生在获得职业资格证书的同时，增强创新创业能力。这种模式不仅增强了学生的职业竞争力，还为他们未来的职业发展提供了源源不断的动力。

创新创业教育可以帮助学生了解自身的兴趣、能力和价值观，明确职业目标，还可以提升学生的专业技能和创新创业能力，为学生未来的职业发展奠定基础。高职院校应加强创新创业教育，为学生提供更多实践机会和资源支持，帮助学生完善职业规划，实现职业梦想。

知识分享

小李的蜕变：从迷茫大学生到互联网营销新星

一、案例背景

小李是某高校市场营销专业的三年级学生，性格开朗，善于沟通，但对未来职业发展方向感到迷茫。他参加过一些校园招聘会，但发现自己对很多岗位都不感兴趣，也不知道自己适合做什么。

二、案例过程

① 接触创新创业教育：大二下学期，小李选修了学校开设的“创新创业基础”课程。在课程中，他学习了商业模式设计、市场调研、团队合作等方面的知识，并参与了模拟创业项目。

② 激发创业兴趣：通过课程学习和项目实践，小李对创新创业产生了浓厚的兴趣。他发现自己在团队合作、市场分析等方面有一定的优势，并萌生了创业的想法。

③ 明确职业目标：在职业规划师的指导下，小李进行了职业兴趣测评和性格

分析，并结合自身优势和市场需求，将职业目标锁定为“互联网营销”。

④ 制订行动计划：为了实现职业目标，小李制订了详细的学习计划，学习互联网营销相关知识和技能，如SEO、SEM、社交媒体营销等；参加互联网营销相关的实习和项目，积累实践经验；积极参加创新创业比赛，锻炼自己的创业能力。

⑤ 实践与成长：小李利用课余时间学习互联网营销知识，并在一家互联网公司实习，负责新媒体运营工作。他还参加了创新创业大赛，并获得了省级奖项。

三、案例成果

通过创新创业教育，小李找到了自己的职业兴趣和发展方向，明确了未来职业目标；通过课程学习、实习实践和比赛锻炼，小李提升了自身的专业技能，增强了创新创业能力。小李对自己的职业发展充满信心，并积极为未来的职业发展做准备。

三、职业规划与创新创业教育相互促进

在苏州高等职业技术学校的教育实践中，职业规划与创新创业教育形成了良性互动关系。职业规划为创新创业教育提供了明确的方向，而创新创业教育为职业规划提供了实践机会和创新思维。学校通过校企合作，为学生提供了丰富的实践平台，帮助他们在企业环境中锻炼创新创业能力。例如，学校与苏州中学合作，探索职普融通模式，共同培养技能拔尖人才。这种合作不仅为学生提供了学习前沿技术的机会，还通过项目激励和平台建设，推动学生在创新创业中实现职业目标。同时，学校通过创新创业教育，培养学生的创新思维和实践能力，帮助他们在职业规划中更好地适应市场需求。例如，学生在创新创业大赛中取得优异成绩，不仅增强了自信心，还为未来的职业发展积累了宝贵的经验。

1. 职业规划助力创新创业教育

苏州高等职业技术学校通过完善职业规划课程体系，帮助学生明确职业目标，为创新创业教育奠定基础。学校将职业规划课程纳入必修课程体系，涵盖职业兴趣测评、职业性格分析、职业目标设定等内容，帮助学生深入了解自身优势和职业发展方向。

2. 创新创业教育反哺职业规划

苏州高等职业技术学校高度重视创新创业教育，通过组织学生参加各类创新创业大赛，增强学生的创新能力和实践能力。这些比赛不仅锻炼了学生的创新思维，还帮助他们在实践中验证职业规划的可行性。

创新创业教育不仅增强了学生的创新能力，还为学生的职业发展提供了更多可能性。例如，学校通过“专创融合”模式，将创新创业教育融入专业课程体系，帮助学生在专业学习中培养创新意识。这种模式不仅丰富了学生的职业选择，还为他们未来的职业发展提供了更广阔的空间。

苏州高等职业技术学校通过将创新创业教育与职业规划紧密结合，形成了以职业规划为导向、以创新创业教育为手段的教育模式。这种模式不仅帮助学生明确了职业目标，还增强了他们的创新创业能力。实践证明，职业规划与创新创业教育相互促进，能够有效提升职业教育的质量和学生的综合素质，为职业教育的创新发展提供有益的借鉴。

知识分享

南京工业职业技术大学刘赓楷的创新创业之路

一、案例背景

刘赓楷是南京工业职业技术大学的学生。他在学习和实践中发现，传统运动鞋由于批量生产，难以贴合不同人的脚型，容易导致运动伤害。这一发现激发了他的创新思维，他决定结合所学专业，探索一种能够解决这一痛点的创新方案。

二、案例经验

南京工业职业技术大学为专业学生提供了丰富的创新创业课程和实践平台。刘赓楷在课程学习中接触了4D打印技术，并意识到这项技术可以应用于定制化鞋底的开发。在学校的创新创业实验室里，在导师的指导下，他带领团队开始了项目研发。

① 校企合作与技术支持。学校通过与企业合作，为学生提供了实践基地和技术支持。刘赓楷的团队与一家运动鞋制造企业合作，利用企业的设备和资源，将4D打印技术应用于鞋底的定制化生产。这一过程中，企业导师和学校教师共同指导，帮助团队解决了技术难题。

② 创新创业大赛的推动。刘赓楷的团队积极参加各类创新创业大赛，通过比赛获得了更多的曝光机会和专家建议。在学校的支持下，他们的项目获得了省级创新创业大赛的一等奖，并吸引了投资人的关注。

③ 成功创业与成果转化。项目成功后，刘赓楷成立了自己的公司，专注于定制化运动鞋底的研发和生产。他的团队不仅填补了国内相关技术的空白，还与多家运动品牌达成了合作，将创新成果转化为实际产品。

三、案例启示

刘赓楷的成功案例说明，高职院校通过课程融合、校企合作和创新创业大赛等方式，能够有效激发学生的创新思维和创业能力。学校要为学生提供从理论学习到实践应用的完整支持体系，帮助学生将专业知识与市场需求相结合，实现创新创业。

思维碰撞：请你结合创新创业教育制定一个自己的职业生涯规划。

9.3 创新创业者的职业素养与能力提升

通过创新创业教育和职业生涯规划，学生能够提升职业素养和能力，为未来的创新创业活动打下坚实的基础。

一、职业素养的核心内涵与培养路径

1. 职业素养的基本构成

① 责任意识：责任意识是职业素养的基础，体现了从业者对工作的敬畏和对利益相关者的尊重。责任意识的培养需要从日常工作中做起，通过明确职责分工、建立责任制度和培养团队文化，逐步形成自觉的责任担当。

② 抗压能力：抗压能力是创业者在面对失败、挫折和高压环境时所表现出的心理韧性。它帮助创业者保持冷静和理性，逐步解决问题，从而在激烈的市场竞争中立于不败之地。抗压能力的培养可以通过多种方式实现，例如，通过情境模拟训练，设计高压场景（如限时融资谈判）来锻炼心理韧性；通过实践反思法，总结失败经验，增强应对挫折的能力。

③ 团队协作：团队协作是现代创业环境中不可或缺的能力，它帮助创业者整合跨领域的资源，并与不同背景的团队成员进行有效沟通和协作。团队协作能力的培养可以通过跨学科学习和实践项目来实现。例如，参与设计思维工作坊，通过团队合作完成一个具体的项目，能够培养系统化的协作能力。此外，定期开展团队建设活动，也能增强团队成员之间的默契和信任，增强成员的团队协作能力。

④ 诚信品格：诚信是职业素养的核心，是个人和企业的“名片”，也是商业合作的基石。诚信品格要求创业者在商业活动中遵守商业伦理和契约精神，树立良好的信誉和形象。

2. 培养职业素养的方法

① 实践反思法：通过项目复盘总结加强责任意识。采用“亮点挖掘—不足分析—变化应对—标杆学习”四步法，系统梳理项目执行过程，重点识别责任模糊环节（如决策链断裂、任务交接疏漏等）。

② 情境模拟训练：设计限时融资谈判、突发供应链危机等高压情境，模拟真实商业环境中的时间压力与资源限制，引入角色随机分配机制（如临时切换谈判主导者），迫使成员适应突发变化并快速调整策略。

③ 跨学科学习：参与设计思维工作坊，培养系统化协作能力。组织跨学科设计冲刺，例如技术、营销、设计专业的学生组队，在48小时内完成从用户调研到原型测试的全流程协作；开设“学科工具交换日”，鼓励成员教授本专业核心方法论［如法学专业的案例分析法、工程学的失效模式与效应分析（FMEA）等］，拓展认知范围，增强团队协作能力。

知识分享

新东方的诚信实践

新东方创始人俞敏洪在创业初期，坚持未开始课程可以为学员全额退费的承诺，建立了教育行业的诚信标杆，推动企业品牌价值提升。

在新东方创业初期，教育市场竞争激烈，培训机构的信誉和口碑至关重要。俞敏洪意识到，只有通过诚信经营，才能赢得学员和家长的信任，为企业的长期发展奠定基础。

二、创新能力的关键维度与提升策略

1. 创新能力的四维模型

① 洞察力：发现市场痛点的敏锐度。洞察力是商业决策的底层逻辑，其核心在于通过多维数据分析与趋势预判精准捕捉需求缺口。例如美团早期通过消费者行为数据发现本地服务数字化渗透率不足，结合城市人口密度、消费场景碎片化等特点，验证了线上线下一体化服务的必要性。这种能力需基于市场洞察（分析品类规模、竞争格局）与消费者洞察（用户分层、需求痛点演变），并通过数据工具动态监控搜索偏好、商品热度等指标，最终将抽象趋势转化为可落地的商业策略。

② 跨界力：跨领域知识迁移能力。跨界力的本质是打破行业壁垒，将不同领域的核心技术或方法论进行重组并创新。特斯拉通过整合汽车制造与 IT 技术，将电池管理系统与软件算法结合，重构了电动汽车的性能标准。这种能力需依赖产品思维与资源掌控力，同时需具备跨文化沟通能力，以应对全球化协作中的技术融合挑战。

③ 实验力：快速试错迭代能力。实验力强调通过小步快跑、敏捷迭代验证商业假设。小米的 MIUI 系统每周更新机制，本质是以用户反馈为驱动，快速优化产品功能。该能力需构建数据思维与执行力体系，同时结合趋势洞察，在动态调整中降低试错成本并增强产品的市场适应性。

④ 颠覆力：挑战行业常规的勇气。颠覆力源于对行业本质的深度理解与技术创新突破。例如美国太空探索技术公司（SpaceX）通过可回收火箭技术，直接挑战航天领域高成本、低效率的固有模式。这种能力需依托行业逻辑，同时通过资源掌控（稳定供应链、高效团队协作）确保颠覆性技术从概念到落地的可行性。

2. 创新能力增强路径

① 构建“专业+跨界”课程体系：通过跨学科融合与实践导向的教学设计打破传统学科壁垒。将人工智能、物联网等前沿技术融入专业课程，如机电类专业开设“智能产线数据采集与优化”课程，整合可编程逻辑控制器（PLC）编程与大数据分析内容；推行模块化教学改革，采用“基础技能+创新专题”双轨制，如汽车维修专业设置新能源电池管理系统拆装、智能故障诊断等进阶模块；引入企业真实项目作为课程案例，比如学生参与智能仓储系统调试或工业机器人二次开发，在解决实际问题中培养技术迁移能力。

② 深化产教融合创新生态：建立校企协同育人长效机制。与行业龙头共建“教学工厂”，如智能制造专业引入工业级数控加工中心，助力学生在导师指导下完成精密零件加工工艺创新；实施“双导师制”，如企业工程师与校内教师联合指导学生的毕业设计，重点攻关企业技术痛点；动态更新实训内容，根据区域产业升级需求调整课程，如增开工业互联网协议调试、3D 打印材料创新应用等专题。

③ 建立阶梯式创新能力训练体系：通过分层培养机制提升创新实践水平。低年级学生开展基础创新思维训练，采用“创意工坊”形式完成简易发明，培养观察与洞察能力；中高年级学生参与省级以上创新创业竞赛，例如参加全国职业院校技能大赛“智能电子产品设计与开发”赛项，通过项目路演、技术答辩增强综合能力；优秀学生进入校企联合实验室，主导横向课题研发，实现创新成果转化。

④ 完善“过程+结果”双维评价机制：采用创新导向的考核方式激发学生内生动力。将专利申报、技术改良方案纳入学分体系，例如数控类专业学生改进机床夹具设计可获得创新实践学分；建立数字化能力档案，记录学生项目迭代过程，重点评估问题解决能力而非单一结果。

⑤ 打造开放式创新资源平台：整合硬件与数据资源支持持续创新。建设“云端+实体”创新工场，提供计算机辅助工程（CAE）仿真软件、3D 打印集群等设备，支持 24 小时跨专业协作；搭建企业技术需求数据库，定期发布真实创新任务，如某车企有悬架系统轻量化设计需求，学校就安排师生团队揭榜攻关；构建创新成果孵化通道，规定优秀项目可通过校办企业进行产品化。

知识分享

大疆创新的跨界整合

一、背景与起因

大疆创新成立于 2006 年，当时无人机技术主要应用于军事领域，民用市场尚未开发。大疆创新创始人汪滔看到了无人机在民用领域的巨大潜力，决心将无人机技术民用化，打破专业航拍设备的垄断。

二、创新实践的具体举措

大疆创新整合了航空、电子、计算机等多个领域的技术，成功开发出适合民用的无人机产品。这一过程体现了大疆创新强大的跨界力。为了提升产品的性能和用户体验，大疆创新的研发团队进行了长达数年的持续改进。这种快速试错和迭代的能力，是大疆创新的核心竞争力之一。大疆创新在产品开发过程中，始终以用户需求为导向。通过深度访谈和用户反馈，大疆创新不断优化产品设计，使其更适合民用市场。这种以用户为中心的产品思路，帮助大疆创新的产品更好地满足市场需求。

三、效果与影响

大疆创新的无人机产品凭借其高性能和低价格，迅速占领了全球民用无人机市场，打破了专业航拍设备的垄断局面。大疆创新的成功引发了无人机行业的快速发展，吸引了大量企业和资本进入这一领域。无人机技术在农业、物流、影视等多个行业得到了广泛应用。大疆创新的持续改进精神和快速迭代能力，成为其他科技企业学习的榜样。其成功经验为其他企业在技术创新和产品开发方面提供了宝贵的经验借鉴。

四、启示与反思

大疆创新的成功离不开其在跨领域知识迁移方面的能力。企业需要打破传统思维的束缚，通过跨界整合实现技术突破。在创新过程中，快速试错和迭代是提升产品性能的关键。企业应鼓励员工勇于尝试，不怕失败，通过不断改进实现产品优化。此外，大疆创新始终以用户需求为导向，通过深度访谈和用户反馈来优化产品设计。这表明，用户需求是创新的出发点和落脚点，企业应将用户需求贯穿于创新的全过程。

三、素养与能力的协同进化机制

高职生素养与能力的协同进化机制以“德技并修、工学结合”为核心逻辑，通过课程重构、实践赋能、评价牵引三大路径实现双向促进。该机制强调职业核心素养与专业技术能力的深度融合，依托“素养+技能”课程体系，将工程伦理、创新思维等素质要素嵌入专业教学全流程，推动学生从单一技能训练向综合职业人格塑造转型。在校企协同层面，通过实景化生产基地和“双导师制”项目，让学生在解决真实产业问题中同步增强技术应用能力与职业规范意识，形成“做中学、学中悟”的良性循环。动态评价机制则利用数字化成长档案追踪能力进阶路径，结合第三方评估反馈，精准识别素养与能力匹配偏差并实施定向干预，确保两者协同发展。这一机制通过教育链、人才链与产业链的深度耦合，最终培养出兼具技术硬实力与素养软实力的复合型技能人才。此外，党建引领与思政育人双向赋能和科教融汇驱动创新素养提升的作用也非常重要。

①“素养+技能”融合型课程体系重构：将职业核心素养（如敬业精神、职业道德）嵌入专业课程，例如在智能制造课程中增设工程伦理与职业规范内容，通过工业机器人安全操作案例分析实现价值观塑造；开发跨学科项目化课程，要求学生在技术方案中同步考虑碳排放计算、PLC 编程等目标，促进技术能力与社会责任意识协同发展；引入智能时代前沿技术课程，实现专业知识更新与数字素养提升同步。

② 校企协同的实践生态构建：校企共建智能制造实景基地，让学生在工业机器人调试中既掌握 ISO 质量标准执行规范，又增强故障诊断技术能力，实现职业素养与岗位技能双强化；实施项目“双导师制”攻关企业难题，如新能源汽车维修项目需同步考虑电池组检测精度技术指标与服务素养等，可以推动学生能力与素养的实践转化；动态对接区域产业链需求，将企业技术痛点转化为教学案例，驱动学生从模仿操作向创新改良进阶。

③ 动态评价与反馈机制创新：建立“技术指标+素养表现”双维度考核体系，例如工业机器人编程作业需同步评估代码运行效率与文档注释规范性；构建数字化成长档案，通过智能分析系统追踪学生从 CAD 制图到产线优化方案设计的进阶路

径，识别素养能力匹配偏差并定向干预；引入第三方评价机制，由企业专家评估项目实用性，行业协会验证技术标准符合度，形成多元反馈闭环。

④ 党建引领与思政育人双向赋能：创新校企党组织联学联建机制，通过共建育人阵地、党员先锋岗创建等活动，将党建资源转化为育人资源，强化学生责任担当意识；将思政课程与专业课程融合设计，例如在数控加工实训中融入精益生产理念，通过精度控制实践深化工匠精神认知。

⑤ 科教融汇驱动创新素养提升：推动校企联合实验室建设，依托横向课题（如中小微企业自动化改造）开展技术攻关，在真实研发场景中增强学生的创新迁移能力；构建“创新工坊+产业孵化”平台，支持学生将智能硬件开发成果转化为区域产品进行推广，实现学生技术能力与创业素养的协同发展。

知识分享

阿里巴巴打造人工智能客服系统——“客户第一”价值观实践

一、背景与起因

阿里巴巴作为全球领先的电商平台之一，面临着海量的客户咨询和售后服务需求。传统的客服模式难以满足快速响应和高效处理的要求。为了提升客户体验，同时坚守“客户第一”的价值观，阿里巴巴决定引入数据智能技术，打造人工智能客服系统。

二、实践的具体举措

① 职业准则与技术创新的结合：阿里巴巴将“客户第一”的价值观贯穿于人工智能客服系统的开发和运营中。在技术设计上，强调系统对客户需求的精准识别和快速响应；在运营过程中，要求客服人员始终以客户为中心，确保服务的温度和质量。

② 数据驱动的服务优化：通过大数据分析，人工智能客服系统能够实时了解客户的需求和痛点，自动生成针对性的解决方案。这种数据驱动的服务模式不仅提高了服务效率，还提升了客户满意度。

③ 伦理委员会的监督：为确保技术创新符合职业伦理，阿里巴巴成立了人工智能伦理委员会，对人工智能客服系统的开发和应用进行监督和指导。委员会定期审查系统的设计和运行情况，确保其符合法律法规和社会道德规范。

三、效果与影响

① 服务效率显著提升：通过人工智能客服系统的应用，阿里巴巴的客户咨询处理效率提升了300%。客户等待时间大幅缩短，问题解决速度显著加快。

② 客户满意度保持高位：尽管服务效率提升，但阿里巴巴始终坚守“客户第一”的价值观，确保服务的质量和温度，将客户满意度保持在95%以上，成为行业标杆。

③ 职业素养与创新能力的协同发展：人工智能客服系统的成功应用不仅增强了企业的创新能力，还推动了员工职业素养的升级。员工在实践中不断学习和适应

新技术，同时也更加深刻地理解了“客户第一”的价值观。

四、启示与反思

① 职业准则与技术创新的融合：阿里巴巴的案例表明，职业准则和技术创新并非相互矛盾，而是可以相互融合。企业应在技术创新过程中坚守职业伦理，确保技术应用符合社会价值观。

② 数据驱动的服务模式：通过大数据和人工智能技术，企业能够更好地了解客户需求，提供个性化、高效的服务。这种数据驱动的服务模式是未来企业发展的趋势。

③ 伦理监督的重要性：在技术创新过程中，伦理监督不可或缺。企业应建立专门的伦理委员会，对技术创新的全过程进行监督和指导，确保技术应用符合法律法规和社会道德规范。

思维碰撞：请你结合案例，说一说如何提升自己的职业素养。

第十章 创新创业教育的未来展望

随着全球经济的不断发展和科技的不断进步，创新创业已成为推动经济增长和社会进步的重要力量。创新创业教育作为一种旨在培养学生创新精神和创业能力的教育理念，其未来发展前景广阔，对于促进经济社会发展、培养高素质人才具有重要意义。未来，随着技术的不断进步和政策的不断完善，创新创业教育将迎来更加广阔的发展前景。职业院校应紧跟时代步伐，不断完善创新创业教育体系，增强学生的创新精神和创业能力，为社会培养更多具有创新精神和创业能力的人才。

10.1 创新创业教育的趋势与挑战

在当今的知识经济时代，创新创业教育在全球范围内正经历着深刻的变革。

一、创新创业教育的趋势分析

在全球化和信息化的时代背景下，创新创业已成为时代的主旋律。各国政府纷纷出台政策支持创新创业，企业也积极寻求创新转型，以适应市场的快速变化。职业院校作为培养应用型人才的重要阵地，也应该紧跟时代步伐，加强创新创业教育。

1. 数字化与智能化技术的融合应用

在信息技术日新月异的今天，数字化与智能化技术正深刻改变着教育领域，特别是创新创业教育。这一趋势不仅体现在教学方式的革新上，还体现在它重塑了学生的学习体验和创新能力培养路径。

（1）在线学习平台的创新与普及。

随着互联网的普及，在线学习平台如雨后春笋般涌现，为创新创业教育提供了全新的教学渠道。这些平台通过整合优质教育资源，打破地域限制，让学生随时随地都能接触到前沿的创新创业理念和知识。例如，许多学校和企业合作开发了专门的创新创业在线课程，涵盖从创意产生到商业模式设计的全过程，为学生提供了系统的学习路径。

同时，在线学习平台还利用大数据和人工智能技术，实现个性化教学。通过分析学生的学习行为和反馈，平台能够精准推送符合学生需求的学习内容，提高学生的学习效率。这种智能化的教学方式不仅激发了学生的学习兴趣，还有助于培养他们的自主学习能力。

（2）人工智能在创新创业教育中的潜力。

人工智能技术的应用为创新创业教育带来了前所未有的机遇。人工智能辅助教学工具，如智能问答系统、虚拟导师等，能够为学生提供即时的学习支持和反馈，帮助他们解决在学习过程中遇到的问题。此外，人工智能还能模拟真实的商业环境，让学生在虚拟环境中进行创业实践，降低试错成本，增强实践效果。

更重要的是，人工智能技术的应用有助于培养学生的创新思维和问题解决能力。通过与智能系统的互动，学生能够接触更多元化的思考方式和解决方案，从而激发创造力和想象力。

2. 跨学科教育的兴起

随着知识生产模式的转型，跨学科教育逐渐成为创新创业教育的重要趋势。跨学科教育强调不同学科之间的融合和交叉，旨在培养学生的综合能力和解决实际问题的能力。

（1）工程技术与商业管理的结合。

在创新创业领域，工程技术与商业管理的结合显得尤为重要。工程技术为创新创业提供了技术支持和实现手段，而商业管理确保了项目的可行性和可持续性。因此，许多学校在创新创业教育中注重将工程技术课程与商业管理课程相结合，如开设“技术创新与商业管理”等跨学科课程，提高学生的综合素养。

（2）人文社科与创新创业的融合。

人文社科知识在创新创业中发挥着不可替代的作用。它们能够为学生提供更广阔的视野，帮助他们更好地理解市场需求和社会趋势。因此，将人文社科知识融入创新创业教育已成为一种趋势。例如，一些学校通过开设“创新创业与社会责任”等课程，引导学生关注社会热点问题，培养他们的社会责任感和使命感。

（3）艺术与科技的交汇。

艺术与科技的交汇是跨学科教育的一个重要方向。艺术能够激发学生的创造力和想象力，而科技为艺术的实现提供了可能。因此，将艺术教育与科技教育相结合，有助于培养学生的创新思维和实践能力。例如，一些学校通过开设“数字艺术与创意产业”等课程，探索艺术与科技在创新创业中的应用。

3. 实践导向与创业精神的培养

创新创业教育不仅注重知识的传授，也强调实践能力的培养。通过实践导向的教学方式，学生能够将所学知识应用于实际项目中，锻炼创业精神和解决问题的能力。

（1）创业孵化器的角色与功能。

创业孵化器作为创新创业教育的重要载体，为学生提供了实践的平台和资源。通过入驻创业孵化器，学生能够接触真实的商业环境，了解创业的全过程，并积累宝贵的实践经验。同时，创业孵化器还提供了导师指导、资金支持、法律咨询等全方位的服务，帮助学生解决在创业过程中遇到的问题。

（2）教育与产业深度融合的促进作用。

教育与产业深度融合是创新创业教育的重要途径之一。通过与产业深度融合，学生能够深入了解市场需求和行业趋势，将所学知识应用于实际工作中。同时，产业也能够从学校中获取大量的人才和创意，实现双赢。融合的主要形式包括以下几种。

① 现代产业学院：为了满足新兴产业对复合型人才的需求，以应用型人才培养为主，政府、企业等多元主体共同参与建设、管理的新型教学组织。产业学院具备人才培养、社会服务、科技研发、创新创业等功能，通过共建共享实践教学平台、师资队伍等方式，实现教育与产业的深度融合。

② 产教融合型企业：经政府和相关权威机构审核并认定的企业。产教融合型企业能够深入参与职业教育与高等教育，积极发挥自主办学能力，具有引导性、推广性和示范性。这些企业利用资金、技术等优势，参与学校专业规划、教学设计、教材开发、课程设置和实习实训等人才培养过程。

③ 企业新型学徒制：招工即招人、入企即入校，员工具有学生身份。这种形式以企业为主，由企校联合培养学生，可以实现课堂理论知识和实践技术经验相结合。这种形式有助于解决企业技能人才培养问题，增强学生的职业技能和就业能力。

（3）创业竞赛与实践项目的推动作用。

创业竞赛和实践项目是培养学生创业精神和实践能力的重要方式。通过参与创业竞赛和实践项目，学生能够锻炼自己的团队协作能力、项目管理能力和市场分析能力等。同时，这些活动还能够激发学生的创新思维和创造力，为他们未来的创业之路打下坚实的基础。

① 激发创新思维与创业意识：创业竞赛为学生提供了一个展示自己创业想法和能力的平台。参赛者需要深入研究创业项目，发现商机，并提出解决方案。这一过程能够激发学生的创新思维和创业意识，促进他们积极探索和创新。

② 培养商业思维与实践能力：创业竞赛要求参赛者撰写创业计划书、进行项目规划和财务预测等，这有助于培养学生的商业思维和实践能力。学生需要从市场调研、竞争分析、销售策略等方面综合考虑和分析项目，锻炼自己的判断能力。

③ 增强团队协作能力与沟通技巧：创业竞赛往往要求参赛者组建团队，共同完成项目。在团队合作中，成员之间需要相互了解、信任和合作，这有助于增强学生的团队协作能力和沟通技巧。同时，团队还需要通过项目展示和答辩等方式与外界交流，这进一步锻炼了学生的演讲和表达能力。

④ 获取资源与支持：创业竞赛通常能够吸引政府、企业和投资机构的关注。优秀的创业项目有机会获得资金、创业指导和资源支持，为项目的后续发展奠定坚实基础。

⑤ 增强社会影响力：创业竞赛的成功举办能够引起社会各界的关注，扩大创新创业教育的社会影响力。同时，获奖项目和创业者也能够为其他创业者提供榜样和示范。

二、创新创业教育的挑战

创新创业教育的实施过程中面临着诸多挑战。这些挑战不仅会影响教育质量的提升，也会制约创新创业人才的培养。

1. 教育资源分配不均与地域差异

创新创业教育的首要挑战是教育资源的分配不均和明显的地域差异。

① 资源分配不均：在发达国家与发展中国家之间，甚至在发达国家内部，教育资源的分配都是不均衡的。这种不均衡在我国也同样存在，一线城市与三、四线城市，城市与农村之间的教育资源差异比较显著。优质高等教育资源主要集中在经济发达的大城市，而农村和边远地区的学生难以享受到同等质量的教育资源（不仅包括硬件设施，也包括教育理念、教学方法和课程内容等）。

② 地域差异显著：一线城市和发达地区的学校往往拥有更丰富的教育资源，如优秀的师资力量、先进的实验设备和充足的资金支持。而偏远地区和欠发达地区的学校则可能面临师资短缺、设备落后和资金不足等问题。这种地域差异导致了创新创业教育在不同地区的发展不平衡，影响了创新创业人才的全面培养。

③ 政策落实的差异：尽管政府已经出台了一系列支持创新创业教育的政策，但不少地方政策的落地和执行效果并不理想。一些地区的学校由于缺乏足够的政策支持和资金引导，难以有效开展创新创业教育。

为解决这些问题，政府应加大对偏远地区和欠发达地区学校的支持力度，通过财政补贴、税收优惠等措施鼓励优质教育资源向这些地区流动。同时，学校之间也应加强合作与交流，共享教育资源，提高整体教育质量。

2. 理论与实践的脱节问题

理论与实践的脱节是创新创业教育面临的又一大挑战。许多学校在创新创业教育中过于注重理论知识的传授而忽视实践能力的培养。

① 理论教学为主：当前许多学校的创新创业课程仍以理论教学为主，缺乏足够的实践和案例分析环节。这导致学生在课堂上难以获得实际的创业经验和技能。

② 实践平台缺乏：一些学校缺乏相应的实践平台和机会供学生进行创新创业实践。这限制了学生将所学知识应用于实际的能力培养。

为解决这些问题，学校应加强与企业、行业组织的合作与交流，共同建立创新创业实践基地和平台。通过与企业合作开展项目研发、实习实训等活动，为学生提供更多的实践机会和经验积累。同时，学校还应加强案例教学和实践教学在创新创业课程中的应用比重，增强课程的实用性和针对性。

3. 创新创业教育的评价体系构建不足

构建科学合理的创新创业教育评价体系是保障教育质量的关键。然而，当前许多学校在构建创新创业教育评价体系方面仍存在不足。

① 评价体系不完善：一些学校缺乏完善的创新创业教育评价体系，难以全面、客观地评价学生的创新创业能力和成果。

② 评价指标单一：部分学校在评价创新创业教育时过于注重学生的创业成果和经济效益而忽视了对学生创新思维、创业精神和实践能力的综合评价。

为解决这些问题，学校应建立完善的创新创业教育评价体系，包括评价指标、评价方法和评价流程等。在评价指标方面，应关注学生的创新思维、创业精神、实践能力等多个方面；在评价方法方面，应采用定量与定性相结合的方法进行综合评估；在评价流程方面，应确保评价的公正性、透明度。

4. 创新创业教育与就业市场的对接不足

创新创业教育与就业市场的对接是检验教育效果的重要环节。然而，当前许多学校在创新创业教育与就业市场的对接方面仍存在不足。

① 信息不对称：学校与就业市场之间存在信息不对称的问题，导致学校难以准确了解就业市场的需求变化和趋势。

② 校企合作不深入：尽管许多学校已经与企业建立了合作关系，但在实际合作中仍存在合作不深入、效果不显著等问题。

为解决这些问题，学校应加强与就业市场的合作，及时了解市场需求变化和趋势。同时，学校还应深化与企业的合作与交流，共同开展人才培养、项目研发等活动。通过加强校企合作，实现创新创业教育与就业市场的有效对接，为学生提供更多的就业机会和发展空间。

思维碰撞：请你结合社会生活实际，谈谈你对创新创业教育今后发展趋势的认识。

10.2 创新创业教育的国际合作与交流

在全球化背景下，创新创业教育已成为各国高等教育体系中的核心要素。随着全球经济格局的深刻变革，创新已成为引领发展的第一动力，而创业是实现这一动力的重要桥梁。创新创业教育通过培养学生的创新精神和创业能力，为国家的经济发展和社会进步提供源源不断的人才支持。国际合作与交流作为创新创业教育的重要组成部分，不仅能够促进教育资源的共享和优势互补，还能够加速知识的传播与创新理念的交流，提升教育质量与国际竞争力，培养具有全球视野的创新创业人才。

国际合作与交流的形式多样，包括学生交换、教师互访、联合研究、国际竞赛、在线课程等。在内容上，国际合作与交流涵盖了创新创业教育的各个方面，如课程体系建设、教学方法创新、实践平台建设、创业资源对接等。通过这些形式与内容的合作与交流，各国可以共同推动创新创业教育的创新与发展。

一、创新创业教育的国际合作与交流现状

1. 国内外创新创业教育的发展现状

近年来，各国纷纷加大对创新创业教育的投入和支持力度，推动创新创业教育的发展。在国内，中国政府高度重视创新创业教育，各种政策相继出台，为创新创业教育的开展提供了有力支持。越来越多的学校开始设立创业学院、创业实验室等，提供专业的创业教育课程和实践平台。同时，校企合作的模式也逐渐增多，为学生提供了更多的实践机会和资源。国外创新创业教育起源较早，经过几十年的发展，已经形成了较为完善的体系。很多学校与企业合作紧密，为学生提供丰富的实践机会和项目。此外，部分国家的创新创业教育普及度较高，不仅在大学阶段，在中小学阶段也注重培养学生的创新意识和创业能力。

2. 国际合作与交流的主要成就

在国际合作与交流方面，各国已取得了显著成就。例如，一些学校通过与国际知名企业的合作，成功将创新创业教育的成果转化为实际生产力；一些国际组织通过举办国际竞赛和论坛等活动，促进了全球创新创业教育经验的交流与分享；一些国家通过签订双边或多边合作协议，推动了创新创业教育的国际化进程。

二、创新创业教育的国际合作与交流面临的挑战

当前，创新创业教育的国际合作与交流面临的主要挑战包括文化与教育体制差异、资金与资源限制以及语言与沟通障碍等。这些问题限制了创新创业教育的普及与发展，需要各国共同努力解决。

1. 文化与教育体制差异

不同国家和地区有着不同的文化背景和教育体制，在国际合作与交流中可能产生沟通障碍和理解偏差。例如，一些国家可能注重理论知识的传授，而另一些国家更注重实践能力的培养；一些国家可能注重个人主义和冒险精神，而另一些国家更注重集体主义和稳健发展的理念。

2. 资金与资源限制

国际合作与交流需要大量的资金和资源支持，但不同国家和地区的经济发展水平不同，导致资金和资源的分配不均。一些发展中国家可能无法承担高昂的国际合作与交流成本，从而限制了其参与国际合作与交流的能力。

3. 语言与沟通障碍

在国际合作与交流中，语言与沟通障碍也是一个重要问题。不同国家和地区的学生和教师可能使用不同的语言进行交流和沟通，这可能导致信息传递的不准确和误解的产生。因此，加强语言培训和跨文化交流能力的培养显得尤为重要。

三、创新创业教育的国际合作与交流形式

1. 学生国际交流项目

学生国际交流项目是国际合作与交流的重要形式之一。通过参与国际交流项目，学生可以深入了解不同国家和地区的文化、教育体制和创新创业环境，拓宽视野，增强跨文化交流能力。同时，学生还可以在国际交流中结交来自不同国家和地区的朋友，建立广泛的人脉网络，为未来的创新创业活动打下坚实基础。

知识分享

中美青年使者交流学习计划（YES 项目）

一、背景

为落实习近平主席提出的“中方未来 5 年愿邀请 5 万名美国青少年来华交流学习”倡议，中国教育国际交流协会牵头执行了“青年使者交流学习计划”（YES 项目）。

二、内容

YES 项目围绕历史文化、体育交流、文化遗产保护、科研协作、高端交流、青年对话等方面，开展形式多样、内容丰富的活动。

三、成效

截至 2025 年 1 月，YES 项目官方网站共发布优质交流项目 700 余个，覆盖 28 个省市的 352 所学校和机构，美国各级各类青少年来华交流学习人数达 13 422 人，来访人员覆盖美国 50 个州，到访我国 26 个省级行政区的 278 家机构，超额完成全年工作目标。

2. 教师国际交流项目

教师国际交流项目也是国际合作与交流的重要形式之一。通过参与教师国际交流项目，教师可以了解不同国家和地区的教育体制和教学方法，借鉴国际先进经验，提升自身的教学水平和科研能力。同时，教师还可以在国际交流中结交来自不同国家和地区的同行，建立广泛的学术联系，为未来的合作与交流打下坚实基础。

3. 国际联合研究项目

国际联合研究项目是国际合作与交流的高级形式之一。通过参与国际联合研究项目，各国可以共同开展前沿性、创新性研究，推动学科交叉与融合，提升科研水平和创新能力。同时，国际联合研究项目还可以促进教育资源的共享和优势互补，为创新创业教育的创新与发展提供有力支持。

知识分享

泰国清迈大学与国际科研机构的合作

一、背景

为提升科研水平和国际影响力，泰国清迈大学与多个国际科研机构合作，共同开展科研项目。

二、内容

双方共同制订研究计划，分享研究资源和成果，开展跨学科、跨领域的合作研究。

三、成效

通过合作研究，清迈大学提高了科研水平和国际影响力，为学生提供了更多参与国际科研项目的机会。同时，合作成果也为泰国乃至全球的科技进步做出了贡献。

4. 国际创新创业竞赛

国际创新创业竞赛是国际合作与交流的重要平台之一。通过参与国际创新创业竞赛，学生可以锻炼自己的创新创业能力，展示自己的创新成果和商业计划，吸引投资人的关注和支持。同时，国际创新创业竞赛还可以促进不同国家和地区学生之间的交流与合作，推动全球创新创业教育的共同发展。

知识分享

中美青年创客大赛

一、背景

为促进中美两国青年在创新创业教育领域的交流与合作，中美两国联合举办了中美青年创客大赛。

二、内容

大赛面向中美两国青年学生，征集创新创业项目。通过初赛、复赛和决赛等环节，评选出优秀项目并给予奖励。同时，大赛还邀请知名企业家、投资人和专家学者担任评委，为参赛者提供指导和建议。

三、成效

大赛激发了中美两国青年的创新创业热情，促进了创新创业项目的孵化与落地。通过大赛，中美两国青年学生增进了了解，拓宽了国际视野。

五、创新创业教育的国际合作与交流未来发展趋势

创新创业教育的国际合作与交流是推动全球创新创业教育发展的重要力量。通过加强国际合作与交流，各国可以共同探索创新创业教育的最佳实践，推动教育的国际化进程。未来，随着数字化与智能化的深度融合、跨学科与跨领域的广泛合作、国际化与本土化的有机结合等趋势的发展，创新创业教育的国际合作与交流将迎来更加广阔的发展前景。各国应加强政策支持与资金保障，推动课程与资源共享，加强实践环节的合作，培养师生跨文化交流能力等，共同推动创新创业教育的国际合作与交流不断迈向新的高度。

1. 数字化与智能化的深度融合

随着信息技术的不断发展，数字化与智能化的深度融合将成为创新创业教育的国际合作与交流的重要趋势。通过在线课程、虚拟实验室和远程协作工具等数字化手段，各国可以打破时空限制，实现教育资源的共享和优势互补。同时，智能化技术也将为创新创业教育提供更加精准、个性化的支持和服务。

2. 跨学科与跨领域的广泛合作

跨学科与跨领域的广泛合作将成为推动创新创业教育的国际合作与交流的重要方向。通过加强不同学科和领域之间的合作与交流，各国可以共同探索创新创业教育的最佳实践，推动教育的国际化进程。同时，跨学科与跨领域的合作也将为创新创业提供更多的可能性和创新点。

3. 国际化与本土化的有机结合

国际化与本土化的有机结合将成为推动创新创业教育的国际合作与交流的重要原则。各国在加强国际合作与交流的同时，应充分考虑本土文化和市场需求，实现国际化与本土化的有机结合。通过培养既具有国际视野又符合本土需求的人才，各国可以共同应对全球性挑战和问题，推动世界的和平与发展。

思维碰撞：找寻学校国际合作案例，并做简要分析。

10.3 苏州高等职业技术学校创新创业教育的未来规划

苏州高等职业技术学校作为一所具有鲜明职业教育特色的高等院校，始终将创新创业教育作为人才培养的重要内容。然而经过深入调研师生需求和市场趋势，发现与国内外同类学校相比，学校在创新创业教育方面仍存在一些不足，如教育资源整合不够充分、创新创业文化氛围不够浓厚、理论与实践结合不够紧密等。在创新驱动发展战略的引领下，创新创业教育已成为当前职业教育不可或缺的一部分。在这样的大环境下，学校作为培养高素质技术技能人才的重要基地，也积极响应国家号召，将创新创业教育纳入学校发展战略的核心位置，并将围绕加强教育资源整合与优化配置、构建多元化的创新创业文化、强化理论与实践的结合、加强和产业界的合作与对接四大核心任务，全面提升创新创业教育的质量和效果。

一、加强教育资源整合与优化配置

当前，苏州高等职业技术学校在创新创业教育方面已经取得了一定成绩，但教学资源分散、利用效率不高等问题仍然存在。一方面，各系部、各专业之间的教学资源缺乏有效整合，导致资源重复建设和浪费；另一方面，校内外优质教学资源未能充分共享，限制了创新创业教育的深度和广度。因此在未来的规划中，学校将采取一系列措施加强资源的整合与优化配置，全面增强学生的创新精神、创业意识和创业能力，为经济社会发展提供有力的人才支撑。

1. 统筹教学资源，构建资源共享平台

在创新创业教育的浪潮中，高效统筹教学资源，构建资源共享平台，已成为提升教育质量、促进学生创新能力发展的关键因素。随着信息技术的飞速发展和教育理念的持续革新，构建一个集教学、实践、交流于一体的资源共享平台，对于推动创新创业教育的深入发展具有重要意义。

（1）创新创业教育资源统筹的必要性。

① 满足多元化教育需求。创新创业教育要求学生具备跨学科的知识体系和实践能力。单一学科的教学资源难以满足其多元化需求。统筹教学资源可以打破学科壁垒，实现知识的融合与共享。

② 提升教育资源利用效率。当前，学校依然存在教育资源闲置或重复建设的问题。通过统筹和共享教育资源，可以优化资源配置，提高资源利用效率，避免浪费。

③ 促进教育公平：资源共享平台能够打破地域和时间的限制，使更多学生享受到优质的创新创业教育资源，促进教育公平。

（2）创新创业教学资源的统筹策略。

① 建立教学资源库。学校将整合各类创新创业教学资源，包括课程教案、教学视频、实验数据、案例研究等，形成系统化的教学资源库。通过数字化手段，实现资源的分类、标签化和检索功能，方便师生快速获取所需资源。

② 推动校企合作。学校将加强与企业的合作，引入企业实际案例和项目，丰富创新创业教学内容。同时，利用企业的技术设备和人力资源，为学生提供实践机会，实现产学研深度融合。

③ 促进师资共享。学校将进一步整合优化校内外资源，鼓励教师跨校授课、交流经验。建立校内外师资共享机制，促进不同专业背景、不同实践经验的教师之间的交流与合作，共同开发创新创业课程和项目。通过跨学科合作，实现知识的融合与共享，为学生提供更加全面、深入的创新创业指导。同时，定期组织教师培训、研讨会等活动，提升教师的专业素养和教学能力。根据创新创业教育的实际需求，动态调整师资配置，确保师资队伍的持续优化。

④ 开发在线学习平台。学校将利用互联网技术，开发在线学习平台，实现创新创业教学资源的远程访问和学习。通过在线课程、直播授课、互动讨论等形式，拓宽学生的学习渠道。通过线上线下多种渠道宣传推广平台，提高平台的知名度和影响力。为教师和学生提供平台使用培训和技术支持，确保他们能够充分利用平台资源。

（3）构建资源共享平台。

学校将加强领导，统一认识，统筹规划全校教学资源建设。通过明确目标、制订计划，确保各类教学资源能够得到科学配置和高效利用。构建集教学、科研、实践于一体的资源共享平台，整合校内外各类教育资源，包括图书资料、实验设备、实训基地等。通过数字化、网络化和智能化手段，实现资源的便捷获取和高效利用。推动与企业、行业协会等机构的合作，建立产学研合作机制，共同开发和利用教育资源。

① 平台架构设计：学校将基于现有数字化校园平台，构建基于云计算和大数据技术的集教学、科研、实践于一体的资源共享平台，并整合校内外各类教育资源，包括图书资料、实验设备、实训基地等。通过数字化、网络化和智能化手段，实现资源的便捷获取、存储、处理和分析。共享平台将具备高度的可扩展性和安全性，以确保数据的完整性和隐私保护。

② 功能模块设计：共享平台将包含资源管理、用户管理、课程管理、交流互动等多个功能模块。资源管理模块负责资源的上传、下载和分类；用户管理模块负责用户的注册、登录和权限管理；课程管理模块负责课程的发布、学习和评价；交流互动模块负责用户之间的沟通和协作。

③ 技术支持与安全保障：学校将采用先进的技术手段，确保平台的稳定运行和数据安全。同时，建立完善的安全管理制度和应急预案，应对可能出现的安全风险。

2. 优化师资配置，加强师资队伍建设

苏州高等职业技术学校经过调研发现师资队伍存在的一些问题，如专职教师匮乏、兼职教师动力不足、专业教师参与度不高等。这些问题限制了创新创业教育的进一步发展。因此，为了更好地培养出具有创新创业精神的高素质人才，优化师资配置、加强师资队伍建设成为学校未来规划中的迫切需求和重中之重。

（1）优化师资配置，引进跨学科、跨领域人才。

① 鼓励交叉学科背景教师加入。学校将加大创新创业跨学科、跨领域教师的引进和培养力度，吸引具有丰富行业经验和创新能力的优秀人才加入创新创业教师队伍，为创新创业教育注入新的活力。与其他学校建立合作关系，共同选拔和培养创新创业教师，实现资源共享和优势互补。

② 灵活引进业界专家与实战型人才。学校将引进业界水平高、有热情、实战经验丰富的创新创业领域的一线教育专家作为学校双创教育带头人，积极聘请具有创业经验的知名校友、创新创业领域的社会名家、行业内优秀企业家担任学校创新创业教育兼职导师，承担一定授课任务，为学生提供贴近实际、具有前瞻性的创新创业指导。

（2）加强师资队伍建设，提升教师专业化水平。

① 坚持"双师型"师资队伍建设。学校将继续坚持以"双师型"师资队伍为建设目标，培养一支既具备扎实的理论功底又拥有丰富的实践经验的高素质的"双师型"师资队伍。通过师资队伍建设，可以为学生提供更加专业、全面的创新创业指导。

② 提升创新创业教师专业化水平。学校将通过整合行业企业、孵化中心、创业园等资源，设立专项资金，打造专有平台，增强教师的实践能力和创新精神。实施教师轮岗制度，促进教师之间的交流与合作，提高教师的教学水平。定期组织教师参加创新创业培训和学习交流活动，提升教师的专业素养和教学能力。鼓励教师深入企业实践，了解行业需求和趋势，将实践经验融入教学中。鼓励教师积极承担

技术开发、技术转让、技术许可等横向科研项目，提升教师的科研水平。

③ 完善教师评价与激励机制。学校将结合学科特点，探索项目报告、技术报告、学术会议报告、教学成果等多种成果形式，将高水平成果作为代表性成果进行激励。设立专项资金和奖学金，资助和激励教师进行创新创业教育研究和实践；将教师竞赛成绩与职称晋升、聘期考核、资金奖励等激励政策挂钩。

3. 资金投入与设施升级

学校将增加对创新创业教育的资金投入，用于改善教学设施、更新实验设备、建设创业孵化器等。推动教学设施的现代化和智能化升级，为学生提供更加完善的学习和实践环境。设立创新创业基金，为有潜力的创业项目提供资金支持和风险投资。

4. 建立教学资源动态监测与评估系统

为了实时掌握教学资源的使用情况和效果，学校将建立教学资源动态监测与评估系统。通过该系统，学校可以及时发现和解决教学资源配置中的问题，确保教育资源的持续优化配置。

二、构建多元化的创新创业文化

苏州高等职业技术学校在营造创新创业文化氛围方面已做出一定努力，但仍需进一步加强。为了激发学生的创新创业热情，学校需要构建更加多元化的创新创业文化。

1. 加强创新创业宣传，营造整体文化氛围

学校将通过多种渠道加强创新创业宣传，利用校园媒体、网络平台等渠道广泛宣传创新创业文化，树立创业榜样和典型案例。通过校园广播、电视、网络等媒体平台发布创新创业信息和动态，加强学生对创新创业的认知和兴趣，建设创新创业文化长廊或展示区，展示创新创业成果和学生作品。营造积极向上的创新创业氛围，激发学生的创业信心和决心。鼓励学生自发成立创新创业社团，如创业俱乐部、科技创新团队等。通过社团活动，学生可以相互交流创新创业经验，共同探索创新创业道路。

2. 举办创新创业活动，激发创新创业热情

学校将定期举办创新创业大赛、创新创业讲座与研讨会、创新创业沙龙和路演等活动，激发学生的创新潜能和创业热情，为学生提供展示才华和实现梦想的舞台，培养他们的创新思维和实践能力。邀请行业专家、创业成功者来校分享创业经验和行业趋势，为学生提供有益的参考和借鉴。设立创新创业文化节，通过展览、比赛、讲座等形式展示创新创业成果和文化氛围。鼓励学生自发组织创业社团和俱乐部，通过社团活动培养学生的团队协作能力、沟通能力和创新思维。

三、强化理论与实践的结合

理论与实践的脱节是当前创新创业教育面临的一大挑战。为了克服这一挑战，苏州高等职业技术学校需要继续加强理论与实践的结合，为学生提供更加全面、系统的创新创业教育，培养出既具备创新思维又拥有实践能力的优秀人才。

理论知识为实践提供了指导和框架，而实践是检验和完善理论的重要手段。通

过理论与实践的结合，学生可以更好地理解和应用知识，从而激发创新思维和创造力，增加动手能力和解决问题的能力。理论与实践的结合有助于促进学生将所学知识转化为实际成果，如创业项目、科技发明等，从而增强他们的自信心和成就感。

1. 优化课程体系，增强创新能力

① 优化通识教育课程。学校将优化创新创业课程体系，确保理论与实践的紧密结合。在通识教育课程中增加创新创业相关内容，如创业基础、创新思维训练等。培养学生的创新意识和创业精神，为后续的专业学习和实践打下坚实基础。

② 优化专业教育课程。学校将在专业教育课程中融入创新创业元素，如开设创新创业案例分析、创业项目管理等课程。将创新创业知识与专业知识相结合，增强学生的创新创业能力。开设跨学科课程和综合实践课程，促进不同学科之间的交叉与融合，培养学生的综合能力和创新思维。加大实践课程比重，通过引入案例分析、模拟创业等教学方法，让学生在完成项目或案例的过程中学习和掌握相关知识和技能，提高学生的创新创业素质。

③ 优化选修课程。学校将开设丰富多彩的创新创业选修课程，如商业模式创新、市场营销策略、风险投资与融资等，满足学生个性化学习需求，为学生提供更加灵活多样的学习路径，拓宽他们的知识面和视野。

④ 优化专业建设。学校将结合专业建设，加强与企业的合作与交流，根据企业需求和行业趋势调整课程设置和教学内容，明确专业建设方向，促进专业发展，确保教学内容与市场需求紧密对接，增强学生的就业竞争力和创业能力。

⑤ 优化精品课程。学校将致力于加大精品课程建设力度，提高课程质量。通过优化课程内容、改进教学方法、完善评价体系等措施，打造一批具有校本特色的创新创业精品课程。经过精品课程建设，学生可以更加自主地选择感兴趣的创新创业课程和实践项目。

2. 搭建创新创业平台，增强实践能力

① 建立校内外实践基地。学校将与企业合作建立创新创业实践基地，为学生提供更加真实的创业环境和实践机会。通过实践基地的建设和运营，学生可以亲身体验创业过程，积累宝贵的创业经验。

② 建设创业孵化器和加速器。学校将为学生初创企业提供资金、技术、市场等方面的支持和服务。通过孵化器和加速器的建设和运营，帮助初创企业快速成长和发展。加强与行业协会和产业园区的合作与交流，共同打造创新创业实践平台和服务体系。

3. 建立多元评价体系，激发创新活力

① 建立多元化评价体系。学校将建立科学合理的创新创业教育评价体系，将理论知识、实践能力、创新思维等多个方面纳入评价体系，全面、客观地评价学生的创新创业能力和成果，全面评估学生的综合素质。多元化的评价体系可以更准确地反映学生的创新创业能力和发展潜力，有助于学校及时发现和解决学生在创新创业过程中遇到的问题和困难，促进他们的全面成长和发展。

② 强化实践环节的考核。学校将加大对实践环节的考核力度，将实践成果作

为评价学生创新创业能力的重要依据。实践环节的考核可以激励学生积极参与实践活动，激发学生的创新活力，增强学生的实践能力和创新能力。

4. 推行项目化教学，促进知识转化

① 实施项目化教学。学校将引入企业真实项目，实施项目化教学，让学生在参与项目的过程中，锻炼团队协作、项目管理等综合能力。鼓励学生参与创新创业项目研发，通过项目实践锻炼学生的创新创业能力。

② 引入经典案例。学校将在理论教学中引入经典案例，帮助学生更好地理解理论知识。通过分析案例中的成功经验和失败教训，学生可以积累经验，汲取教训，增强自己的实践能力和决策能力。

③ 鼓励学生自主开发案例。学校鼓励学生结合所学专业和实际情况，自主开发案例，模拟创业与实战项目。通过案例开发的过程，学生可以加深对理论知识的理解，同时增强自己的实践能力和创新能力。

四、加强和产业界的合作与对接

在创新创业教育的未来规划中，加强与产业界的合作与对接是提升教育质量和促进学生创业就业能力的重要举措。这不仅是学校内涵建设的重要内容，也是增强学生核心竞争力、服务地方经济社会发展的必然要求。然而，在创新创业领域，校企合作仍存在一些问题，如缺乏制度引领、企业主体意识和主动性不强等。这些问题制约了校企合作的深度和广度，影响了创新创业教育的效果。因此，学校将采取一些措施，加强与产业界的合作与对接。

1. 深化校企合作，拓展合作领域

① 深化校企合作：进一步创新校企合作机制，与优质企业开展深度合作，实现资源共享、责任共担、互利双赢。学校将积极寻求与行业龙头企业的合作，共同制订人才培养方案，构建适应市场需求的应用型人才培养体系。与企业合作开展共同研发和技术创新活动。了解企业的技术需求和行业趋势，推动科研成果的转化和应用。通过校企合作，学校可以及时了解产业动态，实现专业设置与产业需求、社会发展有效衔接，实现动态调整教学内容，从而增强服务区域经济社会转型发展的能力，培养符合市场需求的高素质技术技能型人才。

② 拓展合作领域：在保持传统专业合作的基础上，学校将积极拓展与新兴产业、现代服务业等领域（如信息技术产业、文化创意产业等）的合作，以适应产业转型升级的需求。同时，与企业合作开展人才培养和实习实训活动，为学生提供真实的职场环境和实践经验，提高他们的职业素养和就业竞争力。实现与企业共享资源和优势，实现互利共赢。为创新创业教育提供更加完善的支持和保障，推动创新创业教育的深入发展。

2. 引入产业资源，丰富教学内容

① 聘请企业导师：聘请具有丰富实践经验的企业专家作为兼职教师或导师，参与课程设计和教学，将产业前沿技术和市场动态引入课堂。

② 开发校企合作资源：结合企业需求和行业标准，组织教师与企业专家共同开发校本教材，确保教学内容与产业需求有效衔接。共同探索校企协同育人的新模

式，与企业共建多个学院和实训基地，合作开发教学资源，构建混编师资团队。

3. 完善合作机制，保障合作成效

① 建立校企合作委员会：通过校企合作与就业处，统筹协调校企合作事宜，包括整体规划、政策制定和督促检查等工作，确保合作项目顺利实施并取得实效。

② 产业对接与市场调研：定期组织教师开展市场调研活动，了解市场需求和行业趋势，为教育教学提供有力支持。

③ 加强沟通与反馈：搭建交流平台和信息共享机制，促进学校与产业界之间的沟通和合作，共同推动创新创业教育的深入发展。通过交流平台和信息共享机制的建设和运营，加强学校与产业界之间的联系和合作。建立定期沟通与反馈机制，及时了解企业在合作过程中的需求和意见，不断优化合作模式和内容。

思维碰撞：你了解到的创新创业活动有哪些，请谈谈你对学校未来创新创业教育的建议。